EXECUÇÃO FORÇADA CONTRA A FAZENDA PÚBLICA

CRISTIANE SOUZA DE CASTRO

Juíza do Trabalho do TRT da 3ª Região. Mestre em Direito do Trabalho pela PUC/SP e Pós-Graduanda em Economia do Trabalho e Sindicalismo pela UNICAMP.

EXECUÇÃO FORÇADA CONTRA A FAZENDA PÚBLICA

LTr
70 anos
2006

Dados Internacionais de Catalogação na Publicação (CIP)
(Câmara Brasileira do Livro, SP, Brasil)

Castro, Cristiane Souza de

Execução forçada contra a Fazenda Pública / Cristiane Souza de Castro. — São Paulo : LTr, 2006.

Bibliografia.

ISBN 85-361-0817-7

1. Execução (Direito do trabalho) — Brasil 2. Execução forçada - Brasil 3. Fazenda Pública — Brasil I. Título.

06-2326 CDU-347.952:331:336.1/.5(81)

Índice para catálogo sistemático:

1. Brasil : Execução forçada contra a Fazenda Pública : Processo trabalhista 347.952:331:336.1/.5(81)

Produção Gráfica e Editoração Eletrônica: WTJ

Capa: ELIANA C. COSTA

Impressão: HR GRÁFICA E EDITORA

(Cód. 3286.1)

LTr

EDITORA LTDA.

Rua Apa, 165 — CEP 01201-904 — Fone (11) 3826-2788 — Fax (11) 3826-9180

São Paulo, SP — Brasil — www.ltr.com.br

Abril, 2006

Dedico este estudo, com muita saudade,
aos meus avós maternos, José Ferraz e Frinéia
que faleceram recentemente.

Eles sempre me ensinaram que o caminho da felicidade
está em constantemente sonhar, acreditar nos sonhos e
realizá-los com planejamento e determinação...

Minha carreira profissional é fruto de seus ensinamentos,
resumidos numa única afirmação:
"querer é poder".

*Agradeço aos meus pais, Antonio e Jussára,
pelo incentivo e pelo apoio moral indispensáveis
à elaboração deste estudo.*

*Agradeço ao Alexandre, com quem divido meus sonhos,
por ter compreendido minha ausência
enquanto me dediquei a esta obra.*

*E, finalmente, agradeço à amiga Thelma Helena
Monteiro de Toledo Vieira, Juíza do TRT da 15ª Região,
pela cuidadosa revisão deste livro.*

SUMÁRIO

PREFÁCIO — *Pedro Paulo Teixeira Manus* 11

INTRODUÇÃO 13

CAPÍTULO I — ATIVIDADE EXECUTÓRIA 17

1. Importância da execução 17
2. Breve histórico da execução 18
3. Conceito de execução 20
4. Modalidades de execução 20

CAPÍTULO II — EXECUÇÃO TRABALHISTA 27

1. Natureza jurídica da execução no processo do trabalho ... 27
2. Princípios gerais da execução trabalhista 30
3. Legislação aplicável à execução no processo do trabalho ... 36
4. Efetividade da execução trabalhista 37

CAPÍTULO III — FAZENDA PÚBLICA 41

1. Conceito de Fazenda Pública 41
2. Princípios especiais do ente público 41

CAPÍTULO IV — A FAZENDA PÚBLICA NA JUSTIÇA DO TRABALHO 52

1. Hipóteses em que a Fazenda Pública está em juízo 52
2. Tratamento diferenciado que a Fazenda Pública recebe em juízo 56

CAPÍTULO V — EXECUÇÃO CONTRA A FAZENDA PÚBLICA ... 58

1. Cabimento da execução contra a Fazenda Pública 58

2. Procedimento inicial da execução 59
3. Precatório-requisitório para as dívidas comuns 63
4. Requisição para as dívidas de pequeno valor 69

CAPÍTULO VI — INSTRUMENTOS DO CREDOR DA FAZENDA PÚBLICA 76
1. Seqüestro 76
1.1. Preterimento do direito de precedência 76
1.2. Não-pagamento da dívida de pequeno valor no prazo legal 85
1.3. Natureza jurídica do seqüestro 86
2. Intervenção 90
3. Responsabilização do administrador público 93

CAPÍTULO VII — CONCILIAÇÃO NA EXECUÇÃO 96
1. Conceito de conciliação 96
2. Princípio da conciliação 97
3. Possibilidade da Fazenda Pública conciliar 99
4. Juízo Auxiliar de conciliação em precatórios 100

CONCLUSÃO 105
1. Identificação do problema 105
2. Apresentação de sugestões 106

BIBLIOGRAFIA 109

PREFÁCIO

Questão da maior relevância no âmbito do Poder Judiciário refere-se ao procedimento de apuração e satisfação dos débitos judiciais contraídos pela Fazenda Pública.

Trata-se de procedimento próprio em razão da proteção necessária ao patrimônio público, que não pode se sujeitar às mesmas regras do patrimônio do particular, dado o interesse coletivo e a necessidade de sua preservação.

Este tema relevante e complexo é objeto do livro "Execução Forçada contra a Fazenda Pública", que nos oferece a Mestre e Juíza do Trabalho *Cristiane Souza de Castro.*

A obra é de extrema atualidade e de grande importância, quer pela necessidade de estudos a respeito da questão, quer pela seriedade e competência de sua Autora.

Conheci a *Cristiane*, minha colega de Magistratura do Trabalho, no Programa de Pós-graduação da Pontifícia Universidade Católica de São Paulo, onde tive a satisfação de ser seu professor em Direito Processual do Trabalho e seu orientador na dissertação de Mestrado.

Ao longo do curso, ela revelou extremo interesse e capacidade, atuando com brilhantismo nos debates e demais atividades acadêmicas, dando a certeza de seu sucesso, o que se verificou com a excelente defesa da sua dissertação de Mestrado, que resulta no presente livro.

A LTr Editora e a Autora *Cristiane Souza de Castro* estão de parabéns por nos oferecer esta valiosa contribuição para a comunidade jurídica sobre um tema polêmico e angustiante tanto para os credores da Fazenda Pública quanto para os administradores dela.

Professor Doutor Pedro Paulo Teixeira Manus
Juiz Vice-Presidente Judicial do TRT da 2ª Região
Professor Titular de Direito do Trabalho da PUC-SP
Membro da Academia Paulista de Direito,
da Academia Nacional de Direito do Trabalho,
da Academia Paulista de Magistrados
e do Instituto Iberoamericano de Derecho
del Trabajo y de la Seguridad Social.

INTRODUÇÃO

Para que o Poder Judiciário realmente seja um instrumento de pacificação social e de realização da Justiça, torna-se necessário que a execução por ele promovida atinja sua finalidade de modo célere e efetivo, ainda mais quando se trata da execução de créditos alimentares na Justiça do Trabalho, uma vez que esses créditos, como se sabe, têm por objetivo a própria subsistência do trabalhador e de sua família.

Observa-se, no entanto, que grande parte da Fazenda Pública, especialmente na esfera estadual e municipal, procura postergar ao máximo, quando não inviabilizar, a execução das sentenças condenatórias contra si proferidas, o que, infelizmente, tem ocorrido com o aval do nosso Supremo Tribunal Federal, já que ele construiu uma jurisprudência que coloca o credor da Fazenda Pública sem remédio jurídico eficaz na hipótese em que o administrador público simplesmente deixa de pagar qualquer crédito alimentar que não seja considerado de pequeno valor.

Verifica-se, assim, que o Poder Público, que instituiu a atividade jurisdicional e que prega a obediência à coisa julgada, nem sempre cumpre as decisões judiciais transitadas em julgado que lhe são desfavoráveis, numa perpetuação do famoso ditado popular "faça o que eu falo, mas não faça o que eu faço".

O presente estudo, sem pretensão de esgotar o tema proposto, busca analisar criticamente a execução forçada de créditos alimentares contra a Fazenda Pública na Justiça do Trabalho, de acordo com o ordenamento jurídico vigente em nosso País desde a Constituição Federal de 1988, a doutrina nacional, a jurisprudência emanada de nossos Tribunais e a prática vivenciada no dia-a-dia por uma Juíza do Trabalho de primeiro grau.

O sistema legal de outros países, comumente apresentado sob a epígrafe de "direito comparado", não será objeto de estudo, uma vez que, para se ter conhecimento dos institutos que realmente funcionam em outros países, não basta investigar profundamente suas leis, pois também é preciso obter informações sobre a aplicação dessas leis aos casos concretos, a fim de concluir se, na prática, a vontade do legislador é alcançada. E a obtenção de tais informações está fora dos limites deste estudo, até porque na única oportunidade que a autora teve de observar, pessoalmente, o funcionamento do sistema legal de outro país (o que ocorreu durante sua freqüência ao curso *Présentation des Institutions Judiciaires Françaises*, oferecido pela Escola Nacional da Magistratura da França, no período de 13.6.05 a 8.7.05, com duas semanas de aulas teóricas na sede da escola em Paris e duas semanas de estágio prático no Tribunal de Nantes), constatou que a Fazenda Pública de lá efetivamente paga suas dívidas no prazo previsto em lei, ou seja, não se teve notícia de execução forçada contra ela.

Portanto, o método que se utilizará neste estudo será a pesquisa legislativa, doutrinária e jurisprudencial, aliada ao conhecimento prático de casos concretos, sempre no âmbito nacional.

Como é escassa a bibliografia específica sobre o tema proposto, foram várias as questões pesquisadas que, por sua relevância, poderiam ter sido tratadas sozinhas num estudo científico, mas, em virtude do objetivo do presente livro, a análise dessas questões ficou restrita ao ponto principal, para que outras matérias indispensáveis ao desenvolvimento do tema proposto também pudessem ser examinadas.

Assim, no capítulo I, efetuar-se-á uma explanação geral sobre a importância da atividade executória, além de revelar a evolução histórica da execução, seu conceito e suas modalidades.

No capítulo II discorrer-se-á sobre a execução já na esfera trabalhista, versando sobre sua natureza jurídica e seus princípios gerais, bem como sobre a legislação que lhe é aplicável, sendo que o problema da efetividade da execução trabalhista também será abordado nesse capítulo.

Já no capítulo III, conceituar-se-á a Fazenda Pública, elencando seus princípios especiais, com destaque para a propalada impenhorabilidade dos bens públicos e para o orçamento da entidade pública, enquanto que, no capítulo IV, citar-se-ão as hipóteses em que a Fazenda Pública é executada na Justiça do Trabalho para pagamento de créditos alimentares, demonstrando-se que sempre que isso ocorre é porque ela agiu na condição de mero particular, despida de seu poder de império; em seguida, mencionar-se-á o tratamento diferenciado que a Fazenda Pública recebe quando está em juízo.

No capítulo V estudar-se-á o cabimento da execução contra a Fazenda Pública, descrevendo-se o procedimento adotado para a execução de créditos alimentares, inclusive os de pequeno valor.

O seqüestro de dinheiro público, a intervenção no ente público e a responsabilização do administrador público serão apontados no capítulo VI como instrumentos previstos, com finalidades distintas, para utilização pelo credor da Fazenda Pública que não consegue receber o que lhe é devido, sendo que nesse capítulo também serão examinadas as modalidades de seqüestro e a sua natureza jurídica.

O capítulo VII é destinado à conciliação, que, depois de conceituada, será tratada como um princípio do processo do trabalho; após indicação da possibilidade da Fazenda Pública conciliar, relatar-se-á a experiência pioneira e bem sucedida do Juízo Auxiliar de Conciliação em Precatórios do TRT da 3ª Região.

Por fim, a título de conclusão, identificar-se-á o problema da execução forçada de créditos alimentares contra a Fazenda Pública na Justiça do Trabalho e apresentar-se-ão sugestões para a satisfação mais célere da execução.

Tudo isso para cumprir a obrigação consagrada no título executivo trabalhista e, em conseqüência, corroborar a credibilidade que a sociedade deposita nas instituições do Estado Democrático de Direito.

CAPÍTULO I

ATIVIDADE EXECUTÓRIA

1. Importância da execução

A partir do momento em que os homens começaram a viver em sociedade, naturalmente surgiram conflitos de interesses entre eles, sendo que, para regular tais conflitos, foram criadas diversas normas, ou, melhor dizendo, diversos conjuntos de normas (morais, sociais, religiosas, jurídicas etc.).

O que diferencia as normas jurídicas das demais espécies de normas, segundo *Norberto Bobbio*, é o fato de sua execução ser garantida por uma "sanção externa e institucionalizada".(1) Externa porque não está limitada à consciência de quem viola a norma e institucionalizada porque é aplicada de forma organizada, ou seja, de acordo com critérios precisos e por membros previamente designados para esse mister.

É justamente a garantia de sua execução que torna eficazes as normas de direito material estabelecidas em determinado ordenamento jurídico. Assim, para que as condutas prescritas nessas normas jurídicas sejam observadas, é necessário que os destinatários dessas normas tenham certeza de que, caso não as cumpram voluntariamente, serão compelidos a fazê-lo pela autoridade devidamente constituída e, quando isso não for possível, como, por exemplo, no caso das normas de direito penal, receberão a sanção correspondente, conforme previsão da própria norma.

Essa execução forçada, nos Estados Democráticos de Direito, ocorre através do devido processo legal, que tradicional-

---

(1) *Teoria da Norma Jurídica*, p. 160.

mente engloba a atividade jurisdicional de conhecimento (ações meramente declaratórias, ações constitutivas e ações condenatórias) e a de execução (ações executórias). Por ser tipicamente acessória, a atividade cautelar não foi aqui inserida, uma vez que sua finalidade é apenas assegurar o resultado útil do processo principal, seja ele de conhecimento ou de execução.

Mas enquanto a atividade jurisdicional de conhecimento confere aos litigantes um provimento basicamente declaratório (dizer o direito aplicável ao caso concreto), a atividade executória confere um provimento satisfativo (cumprir o direito reconhecido), efetivamente entregando o bem jurídico devido.

Outrossim, nunca é demais lembrar que o conceito universal de justiça é "dar a cada um o que é seu" e não apenas "dizer o que é de cada um".

Daí a grande importância da atividade jurisdicional executória: num primeiro momento, a certeza da execução funciona como um incentivo ao cumprimento voluntário das normas de direito material por parte de seus destinatários; porém, se essas normas são violadas, a efetiva execução, num segundo momento, assegura o cumprimento das normas de direito material e, ainda, soluciona a demanda trazida a juízo em face da violação das normas, restabelecendo a paz social.

2. Breve histórico da execução

No antigo direito romano, a execução "tinha o conteúdo de atividade privatística",[2] uma vez que as medidas executivas não eram realizadas por um órgão independente, pois a atuação do magistrado, que era apenas "um jurisconsulto ao qual as partes concordavam em submeter as suas questões",[3] limitava-se à autorização da atividade do credor, de modo que,

(2) GRECO FILHO, Vicente. *Direito Processual Civil Brasileiro,* 3º v., p. 9.
(3) *Ibidem*, p. 9.

após o aval do magistrado, o credor poderia literalmente "fazer justiça com as próprias mãos".

Também é de se ressaltar que, nessa época, a atividade executiva tinha por objetivo coagir a vontade do devedor para constrangê-lo a satisfazer sua obrigação, ou seja, a execução possuía nítida feição corporal, eis que incidia na pessoa do próprio devedor e não em seu patrimônio.

Tanto assim que, segundo a história, de acordo com a "Lei das XII Tábuas", se o devedor não pagasse a dívida, nem encontrasse terceiro que o fizesse, seria preso acorrentado na casa do credor durante certo tempo e, se ainda assim a dívida não fosse paga, seria vendido como escravo em outras terras (já que nenhum romano poderia perder a liberdade dentro dos limites da cidade) ou morto pelo credor. Na hipótese de serem vários os credores, o devedor poderia ter seu corpo dividido para que cada credor ficasse com parte dele para saldar a dívida, muito embora não se tenha notícia que esse direito era posto em prática, pois os credores preferiam vender o devedor como escravo para dividir o produto da venda entre si.

Posteriormente, o credor deixou de ter o direito de prender o devedor, bem como de negociá-lo como escravo ou de matá-lo, e começou a ter o direito de apreender seus bens, mas ainda com o propósito exclusivo de intimidá-lo ao cumprimento da obrigação, uma vez que o credor não poderia vender os bens apreendidos do devedor, embora pudesse destruí-los.

Após, a atividade executória deixou de ter por escopo a coação do devedor e passou a recair apenas sobre seu patrimônio, com o objetivo de aliená-lo para saldar a dívida. Nessa fase, a execução invadia a totalidade do patrimônio do devedor e não somente os bens suficientes ao cumprimento da obrigação, o que veio a ocorrer depois, quando a execução, finalmente, começou a se desenvolver sem a intervenção pessoal dos credores.

Com o transcurso do tempo, portanto, a sociedade evoluiu, pelo que atualmente a execução forçada nos Estados Democráticos de Direito é promovida pelos órgãos jurisdicionais estatais (solução heterônoma dos conflitos) e atinge apenas determinados bens do devedor, economicamente avaliáveis, ou seja, a atividade executória é ato jurisdicional decorrente da soberania do Estado e possui feição exclusivamente patrimonial.

3. Conceito de execução

O conceito de execução, no sentido jurídico, está relacionado à satisfação de uma obrigação, seja ela decorrente da vontade das partes envolvidas (atividade negocial) ou da norma de direito material reconhecida em decisão do órgão judicial competente (atividade jurisdicional).

O devedor pode cumprir voluntariamente sua obrigação, satisfazendo a prestação a que tem direito o credor, mas, se isso não ocorrer, ele pode ser compelido a tanto através da atividade jurisdicional executória, o que se convencionou chamar de "execução forçada", sendo apenas esse o objeto de estudo deste trabalho, já que o cumprimento voluntário da obrigação independe da atuação de um órgão do Poder Judiciário.

Nesse sentido, conceitua-se a execução forçada "como o conjunto de atos jurisdicionais materiais concretos de invasão do patrimônio do devedor para satisfazer a obrigação consagrada num título".[4]

4. Modalidades de execução

Existem vários critérios para se classificar a atividade executória.

---

(4) *Ibidem*, p. 8.

1) Quanto à natureza do título

Adotando como primeiro critério a natureza jurídica do título executivo, já que o título é pressuposto indispensável à atividade executória, divide-se a execução em duas modalidades: a que se origina em título judicial (sentença, acórdão ou acordo homologado) e a que decorre de título extrajudicial (documento que a lei atribui eficácia de título executivo).

José Augusto Rodrigues Pinto explica que a execução fundada em título judicial é:

> "a coerção do Estado sobre o indivíduo para cumprimento de uma norma que já foi objeto de realização concreta pelo órgão de seu Poder Judiciário. Enquanto isso, execução de título extrajudicial é a coerção do Estado, com dispensa da atividade cognitiva ou de aquisição de conhecimento para realizar, em concreto, a atuação da norma concebida em abstrato, em vista de já se encontrar no próprio título criado pelos sujeitos da relação jurídica substancial o resultado a que se levaria a cognição processual, que é a certificação do direito".(5)

De acordo com o art. 583 do CPC, "toda execução tem por base título executivo judicial ou extrajudicial", ou seja, sem título, não há execução. *Moacyr Amaral Santos* ensina que "o título, por um lado, fundamenta e delimita o direito do credor à execução e, de outro lado, cria para o Estado o dever de realizá-la".(6)

O renomado jurista citado continua suas lições ensinando que:

> "Título executivo consiste no documento que, ao mesmo tempo em que qualifica a pessoa do credor, o legitima a promover a execução. Nele está a representação de um ato jurídico, em que figuram credor e devedor, bem como

(5) *Execução Trabalhista: estática, dinâmica, prática*, p. 29.
(6) *Primeiras linhas de Direito Processual Civil*, 3º v., p. 220.

a eficácia, que a lei lhe confere, de atribuir àquele o direito de promover a execução contra este. No título estão compreendidos o objeto, os limites e a extensão da execução".[7]

Em linhas gerais, a execução fundada em título extrajudicial segue o mesmo procedimento da originada em título judicial, sendo diferente apenas a matéria argüível em sede de embargos de devedor, já que, na execução de título extrajudicial, o devedor pode invocar todas as questões que poderiam ter sido alegadas no processo de conhecimento, nos termos do art. 745 do CPC,[8] o que não é permitido ao devedor de título judicial.

2) Quanto à extensão dos efeitos

Utilizando como segundo critério a extensão dos efeitos da atividade executória, divide-se a execução em definitiva (decorrente de decisão judicial transitada em julgada ou título extrajudicial) e provisória (originada em título judicial pendente de recurso recebido apenas no efeito devolutivo), a teor do disposto no art. 587 do CPC.[9]

Como a execução definitiva funda-se em título imutável, todos os atos concernentes à atividade executória são praticados, ou seja, a execução efetivamente atinge sua finalidade satisfativa de cumprir a obrigação constante do título executivo, esgotando sua função.

A execução provisória, por sua vez, como é originada em título ainda sujeito a alteração, não permite o cumprimento de todos os atos executórios, mas apenas o adiantamento de al-

(7) *Ibidem*, p. 221.

(8) Art. 745: "Quando a execução se fundar em título extrajudicial, o devedor poderá alegar, em embargos, além das matérias previstas no art. 741, qualquer outra que lhe seria lícito deduzir como defesa no processo de conhecimento".

(9) Art. 587: "A execução é definitiva, quando fundada em sentença transitada em julgado ou em título extrajudicial; é provisória, quando a sentença for impugnada mediante recurso, recebido só no efeito devolutivo".

guns, com a finalidade de evitar o prolongamento demasiado da satisfação final da obrigação devida ao credor, mas sem que isso implique a consumação da atividade executória, porque o recurso pendente de julgamento pode modificar o comando do título exeqüendo. Em outras palavras, a execução provisória,

> "pela relativa instabilidade do título em que se funda, sofre limitações quanto à prática de atos processuais capazes de causar prejuízos irremediáveis ao patrimônio do devedor ou mesmo a terceiros, como adverte *Chiovenda*".[10]

3) Quanto à espécie da obrigação

Considerando a espécie da obrigação consagrada no título executivo, divide-se a atividade executória em três modalidades: execução para entrega de coisa (certa ou incerta), execução da obrigação de fazer e de não fazer e, por fim, execução da obrigação de pagar quantia certa.

Na execução para entrega de coisa, a medida executiva essencial é a imissão na posse (para imóveis) ou a busca e apreensão (para móveis). Entende-se por coisa certa aquela que foi perfeitamente individualizada no título executivo e por coisa incerta aquela que foi determinada apenas pelo gênero e quantidade, necessitando de individualização, o que muitas vezes causa um incidente processual. A obrigação de entregar coisa é convertida para a obrigação de pagar quantia certa quando a entrega da coisa se torna impossível.

Na execução da obrigação de fazer ou de não fazer, a medida executiva é o mandado que contém a ordem correspondente. Em princípio, portanto, a execução é específica, mas a prestação pode ser convertida para o pagamento de quantia certa na hipótese da obrigação de fazer ou de não fazer se tornar impossível, seja pela aplicação dos princípios de respeito à pessoa do devedor (se a obrigação só pode ser cum-

(10) PINTO, José Augusto Rodrigues. *Execução Trabalhista: estática, dinâmica, prática*, p. 58.

prida pelo devedor, como a pintura de um quadro, por exemplo, e ele se recusa a fazê-lo, mesmo sob cominação de multa pecuniária, não há como forçá-lo a satisfazer a obrigação específica), seja pela própria inviabilidade da prestação (se a obrigação era de não fazer algo que o devedor já fez, por exemplo).

A execução da obrigação de pagar quantia certa, por sua vez, "tem por objeto expropriar bens do devedor, a fim de satisfazer o direito do credor", como prevê o art. 646 do CPC. Essa modalidade "é a mais comum e é também subsidiária das demais espécies de execução quando não é possível a execução específica da prestação contida no título".(11) A expropriação, em regra, consiste na alienação de bens do devedor, na adjudicação em favor do credor e no usufruto de imóvel ou de empresa, a teor do art. 647 do CPC, mas, no caso de execução de prestação alimentícia, diante da natureza jurídica do crédito, a lei autoriza até a prisão do devedor, como medida extrema para compeli-lo ao pagamento da quantia devida (art. 5º, LXVII, da Constituição da República e art. 733 do CPC).(12)

O procedimento da execução da obrigação de pagar quantia certa varia de acordo com a solvabilidade do devedor e, ainda, do fato da Fazenda Pública ser credora de dívida ativa ou devedora de qualquer crédito. Esses são os dois próximos critérios adotados para se classificar a atividade executória, como se verá a seguir.

---

(11) GRECO FILHO, Vicente. *Direito Processual Civil Brasileiro,* 3º v., p. 57.

(12) Art. 5º, LXVII: "não haverá prisão civil por dívida, salvo a do responsável pelo inadimplemento voluntário e inescusável de obrigação alimentícia e a do depositário infiel".

Art. 733: "Na execução de sentença ou de decisão, que fixa os alimentos provisionais, o juiz mandará citar o devedor para, em 3 (três) dias, efetuar o pagamento, provar que o fez ou justificar a impossibilidade de efetuá-lo.

§ 1º Se o devedor não pagar, nem se escusar, o juiz decretar-lhe-á a prisão pelo prazo de 1 (um) a 3 (três) meses.

§ 2º O cumprimento da pena não exime o devedor do pagamento das prestações vencidas e vincendas.

§ 3º Paga a prestação alimentícia, o juiz suspenderá o cumprimento da ordem de prisão".

4) Quanto ao equilíbrio patrimonial do devedor

A execução por quantia certa ainda pode ser dividida em duas outras modalidades, dependendo da capacidade econômica do devedor: execução contra devedor solvente e execução contra devedor insolvente.

Quando o valor das dívidas contraídas pelo devedor civil, pessoa natural ou jurídica, excede a expressão econômica de seus bens, fica caracterizado seu estado de insolvência, nos termos do art. 748 do CPC,(13) hipótese em que, após a declaração judicial da insolvência, terá lugar a "execução coletiva ou universal", através do denominado "concurso de credores". Assim, todos os bens do devedor sujeitos à execução são arrecadados (apreendidos pela penhora), a fim de que todos os credores do devedor insolvente habilitem seus correspondentes créditos no mesmo juízo (o que declarou a insolvência), para verificação e classificação deles, com posterior pagamento através do produto da liquidação dos bens da massa.

Entre os credores de título igual, o rateio do montante arrecadado ocorre de forma proporcional ao valor dos respectivos créditos, se o produto não é suficiente para o pagamento integral de todos os credores, sendo irrelevante que algum deles tenha obtido penhora em data anterior à de outros.

No caso do devedor ser comerciante, o processo de arrecadação da totalidade dos seus bens para rateio entre todos os credores é o da falência, regido por lei própria (Lei n. 11.101/05), que contém normas especialíssimas.

5) Quanto ao procedimento adotado para a Fazenda Pública

A execução da dívida ativa da Fazenda Pública (o conceito de Fazenda Pública será abordado no capítulo III) e a exe-

---

(13) Art. 955: "Dá-se a insolvência toda vez que as dívidas excederem à importância dos bens do devedor".

cução da obrigação de pagar quantia certa contra a Fazenda Pública apresentam procedimentos específicos, pelo que, com base no critério acima epigrafado, divide-se a atividade executória em três modalidades: execução da dívida ativa da Fazenda Pública, execução por quantia certa contra a Fazenda Pública e execução comum.

A Lei n. 6.830/80 disciplina o procedimento para a execução da dívida ativa da Fazenda Pública, estabelecendo ordem própria de preferência para nomeação de bens, prazo de 30 dias para oferecimento de embargos do devedor e para impugnação desses embargos, além de outras peculiaridades. Por outro lado, o procedimento adotado para a execução da obrigação de pagar quantia certa contra a Fazenda Pública distancia-se muito do que é previsto para o devedor comum, em virtude da tão-propalada característica da inalienabilidade e, conseqüentemente, impenhorabilidade dos bens públicos. Com efeito, o art. 100 da Constituição Federal[14] estabelece que os pagamentos devidos pela Fazenda Pública em decorrência de decisão judicial serão feitos através de precatórios, enquanto que o art. 730 do CPC preleciona:

> "Art. 730. Na execução por quantia certa contra a Fazenda Pública, citar-se-á a devedora para opor embargos em 10 (dez) dias; se esta não os opuser, no prazo legal, observar-se-ão as seguintes regras:
>
> I — o juiz requisitará o pagamento por intermédio do presidente do tribunal competente;
>
> II — far-se-á o pagamento na ordem de apresentação do precatório e à conta do respectivo crédito".

(14) Art. 100: "À exceção dos créditos de natureza alimentícia, os pagamentos devidos pela Fazenda Federal, Estadual ou Municipal, em virtude de sentença judiciária, far-se-ão exclusivamente na ordem cronológica de apresentação dos precatórios e à conta dos créditos respectivos, proibida a designação de casos ou de pessoas nas dotações orçamentárias e nos créditos adicionais abertos para este fim".

CAPÍTULO II

EXECUÇÃO TRABALHISTA

1. *Natureza jurídica da execução no processo do trabalho*

Duas correntes doutrinárias procuram explicar a natureza jurídica do conjunto de atos tendentes a satisfazer o título executivo trabalhista: uma aduz que a execução é mera fase processual e outra que ela constitui processo autônomo.

Os principais argumentos levantados pelos defensores da primeira corrente doutrinária mencionada são que a execução trabalhista pode ser promovida por iniciativa do juiz, ou seja, *ex officio,* ao contrário do processo de conhecimento, e que não existe execução trabalhista baseada em título extrajudicial, o que a torna ontologicamente dependente de um prévio processo de conhecimento.

De fato, a execução trabalhista pode ser promovida *ex officio*, a teor do disposto no art. 878 da CLT,(1) o que não mais ocorre com o processo de conhecimento trabalhista, já que art. 856 da CLT,(2) que prevê a instauração do dissídio coletivo de greve pelo Presidente do Tribunal, foi revogado pelo art. 8º da Lei n. 7.783/89,(3) sendo certo que os §§ 2º e 3º do art. 114 da Constituição da República,(4) introduzidos pela Emenda

---

(1) Art. 878: "A execução poderá ser promovida por qualquer interessado, ou *ex officio*, pelo próprio juiz ou presidente ou tribunal competente, nos termos do artigo anterior".

(2) Art. 856: "A instância será instaurada mediante representação escrita ao presidente do Tribunal. Poderá ser também instaurada por iniciativa do presidente, ou, ainda, a requerimento da Procuradoria da Justiça do Trabalho, sempre que ocorrer suspensão do trabalho".

(3) Art. 8º "A Justiça do Trabalho, por iniciativa de qualquer das partes ou do Ministério Público do Trabalho, decidirá sobre a procedência, total ou parcial, ou improcedência das reivindicações, cumprindo ao Tribunal publicar, de imediato, o competente acórdão".

(4) § 2º "Recusando-se qualquer das partes à negociação coletiva ou à arbitragem, é facultado às mesmas, de comum acordo, ajuizar dissídio coletivo de natureza econômica,

Constitucional n. 45/04, continuam não autorizando a aludida instauração *ex officio*.

Contudo, o argumento da impossibilidade de execução de título extrajudicial não se sustenta diante da atual redação do art. 876 da CLT,[(5)] que prevê a execução do termo de ajuste de conduta firmado perante o Ministério Público do Trabalho, bem como do termo de conciliação celebrado na Comissão de Conciliação Prévia.

Agora, a execução trabalhista só é necessariamente precedida de processo de conhecimento na hipótese de se basear em título executivo judicial, pelo que não há como entender que ela sempre possui natureza jurídica de mera fase do processo, de componente do todo. Terá, sim, natureza jurídica de fase processual apenas quando decorrer de título executivo judicial.

Por sua vez, os partidários da segunda corrente doutrinária destacam que o art. 880 da CLT[(6)] estabelece a expedição de "mandado de citação ao executado", sendo que "citação", conforme art. 213 do CPC,[(7)] é ato pelo qual se chama a juízo alguém para se defender, ou seja, é ato que inicia uma relação jurídico-processual. Os partidários dessa corrente ressaltam, ainda, que o processo do trabalho possui uma inter-relação sistemática com o processo civil e esse, desde 1973, passou

---

podendo a Justiça do Trabalho decidir o conflito, respeitadas as disposições mínimas legais de proteção ao trabalho, bem como as convencionadas anteriormente.
§ 3º Em caso de greve em atividade essencial, com possibilidade de lesão do interesse Público, o Ministério Público do Trabalho poderá ajuizar dissídio coletivo, competindo à Justiça do Trabalho decidir o conflito".

(5) Art. 876: "As decisões passadas em julgado ou das quais não tenha havido recurso com efeito suspensivo; os acordos, quando não cumpridos; os termos de ajuste de conduta firmados perante o Ministério Público do Trabalho e os termos de conciliação firmados perante as Comissões de Conciliação Prévia serão executados pela forma estabelecida neste Capítulo".

(6) Art. 880: "O juiz ou presidente do Tribunal, requerida a execução, mandará expedir mandado de citação ao executado, a fim de que cumpra a decisão ou o acordo no prazo, pelo modo e sob as cominações estabelecidas, ou, em se tratando de pagamento em dinheiro, incluídas as contribuições sócias devidas ao INSS, para que pague em quarenta e oito horas, ou garanta a execução, sob pena de penhora".

(7) Art. 213: "Citação é o ato pelo qual se chama a juízo o réu ou o interessado a fim de se defender".

a cuidar da execução como processo autônomo, dedicando-lhe Livro próprio.

Esses últimos argumentos também não podem ser aceitos por completo, uma vez que a expressão "mandado de citação", utilizada pelo art. 880 da CLT, decorre da adoção de terminologia incorreta pelo legislador, já que não se chama o devedor a juízo para se defender, mas para cumprir o título executivo trabalhista.

Resta correto, portanto, apenas o argumento da inter-relação sistemática do processo do trabalho com o processo civil.

Mas esse argumento não é suficiente, por si só, para definir a natureza jurídica da execução no processo do trabalho, pois nas hipóteses em que a execução trabalhista é fundada em título judicial ela se processa nos mesmos autos do processo de conhecimento, ao contrário do previsto na legislação processual civil.

Assim, o entendimento que ainda deve ser consolidado pelos doutrinadores é no sentido de entrelaçar a natureza jurídica da execução trabalhista à natureza jurídica do título que a originou. Melhor explicando: a execução deverá ser considerada mera fase processual quando fundada em título executivo judicial e processo autônomo quando baseada em título executivo extrajudicial, sendo que nas duas hipóteses ela seguirá o mesmo procedimento, variando apenas o âmbito da matéria argüível em sede de embargos do devedor.

Ainda que atualmente seja incontroversa a possibilidade de se executar título extrajudicial na Justiça do Trabalho, é oportuno lembrar, como bem consigna o Professor *Pedro Paulo Teixeira Manus*, que:

> "a incidência de execuções decorrentes de sentenças e acordos judiciais é muito maior do que as hipóteses de ações executivas decorrentes de termos de ajuste de conduta ou de termos de conciliação, perante o Ministério

Público do Trabalho e Comissões de Conciliação Prévia, respectivamente".[8]

Dessa forma, a execução trabalhista, na maioria das vezes, terá natureza jurídica de fase processual.

2. Princípios gerais da execução trabalhista

A importância de, em qualquer estudo jurídico, pesquisar os princípios que regem a matéria se justifica pela função que esses princípios desempenham na interpretação do Direito. Eles revelam os valores idealizados pela sociedade, permitindo que o ordenamento jurídico seja compreendido como um sistema coerente, harmônico, com unidade de sentido, e não como um emaranhado de normas avulsas. "Um princípio é algo mais geral do que uma norma porque serve para inspirá-la; para entendê-la, para supri-la".[9]

Américo Plá Rodriguez, em sua clássica obra "Princípios de Direito do Trabalho", explica que, conforme *De Castro:*

"os princípios de direito cumprem tríplice missão:

a) informadora: inspiram o legislador, servindo de fundamento para o ordenamento jurídico;

b) normativa: atuam como fonte supletiva, no caso de ausência de lei. São meios de integração de direito, e

c) interpretadora: operam como critério orientador do juiz ou do intérprete".[10]

No que se refere especificamente à execução trabalhista, *Coqueijo Costa*,[11] *Manoel Antonio Teixeira Filho*[12] e *Carlos*

---

(8) *Execução de sentença no Processo do Trabalho*, p. 18.
(9) PLÁ RODRIGUEZ, Américo. *Princípios de Direito do Trabalho*, p. 16.
(10) *Ibidem*, p. 18.
(11) *Direito Processual do Trabalho*, pp. 580-581.
(12) *Execução no Processo do Trabalho*, pp. 106-113.

Henrique Bezerra Leite(13) apresentam exatamente os mesmos princípios. São eles:

1) Da igualdade de tratamento das partes

O art. 5º, *caput*, da Constituição da República estabelece a igualdade de todos perante a lei.

Porém, se é certo que durante o processo de conhecimento as partes devem receber tratamento rigorosamente igualitário, uma vez que ainda disputam o reconhecimento da existência de um direito, não menos certo é que no processo de execução o devedor coloca-se em estado de sujeição ao comando do título executivo, eis que o direito do credor-exeqüente já foi reconhecido. O item 18 do inciso III do Capítulo IV da Exposição de Motivos do CPC expressamente prevê o referido estado de sujeição do devedor:

> "Na execução, ao contrário, há desigualdade entre o exeqüente e o executado. O exeqüente tem posição de preeminência; o executado, estado de sujeição. Graças a essa situação de primado que a lei atribui ao exeqüente, realizam-se atos de execução forçada contra o devedor, que não pode impedi-los, nem subtrair-se a seus efeitos".

Assim, na execução, o princípio da igualdade de tratamento das partes é aplicado "em termos".

2) Da natureza real

Em razão do princípio da natureza real, os atos executórios atuam sobre o patrimônio do devedor e não sobre sua pessoa (arts. 591 e 646 do CPC),(14) de modo que apenas os bens do executado, presentes e futuros (salvo restrições esta-

---

(13) *Curso de Direito Processual do Trabalho*, pp. 623-626.

(14) Art. 591: "O devedor responde, para o cumprimento de suas obrigações, com todos os seus bens presentes e futuros, salvo as restrições estabelecidas em lei."
Art. 646: "A execução por quantia certa tem por objeto expropriar bens do devedor, a fim de satisfazer o direito do credor (art. 591)".

belecidas em lei), respondem pela dívida, sendo assegurado ao devedor trabalhista tanto sua integridade física como sua liberdade, à exceção da hipótese de depositário infiel.(15)

3) Da limitação expropriatória

O objetivo da execução é satisfazer a obrigação consagrada no título que a ensejou, com os acréscimos legais, pelo que, quando uma parte dos bens do devedor for suficiente para tanto, os atos executórios devem se limitar a essa parte, conforme o princípio da limitação expropriatória.

Por isso, o art. 659 do CPC(16) estabelece a penhora somente de "tantos bens quantos bastem" para o pagamento da dívida, podendo o juiz reduzi-la ou transferi-la para adequá-la ao valor da execução, como lhe faculta o art. 685, I, do mesmo diploma legal.(17) Outrossim, o parágrafo único do art. 692 do CPC(18) determina a suspensão da arrematação logo que o produto da alienação dos bens for suficiente para solver a dívida.

4) Da utilidade para o credor

Como a execução tem por finalidade satisfazer o direito constante do título executivo, é inútil seu prosseguimento quando o patrimônio do devedor não possa, ainda que parcialmente, solver a dívida.

---

(15) O art. 5º, LXVII, da Constituição Federal prevê que: "não haverá prisão civil por dívida, salvo a do responsável pelo inadimplemento voluntário e inescusável de obrigação alimentícia e a do depositário infiel".
(16) Art. 659: "Se o devedor não pagar, nem fizer nomeação válida, o oficial de justiça penhorar-lhe-á tantos bens quantos bastem para o pagamento do principal, juros, custas e honorários advocatícios".
(17) Art. 685: "Após a avaliação, poderá mandar o juiz, a requerimento do interessado e ouvida a parte contrária:
I — reduzir a penhora aos bens suficientes, ou transferi-la para outros, que bastem à execução, se o valor dos penhorados for consideravelmente superior ao crédito do exeqüente e acessórios".
(18) Art. 692: "Não será aceito lanço que, em segunda praça ou leilão, ofereça preço vil. Parágrafo único. Será suspensa a arrematação logo que o produto da alienação dos bens bastar para o pagamento do credor".

Por conta do princípio da utilidade para o credor é que o § 2º do art. 659 do CPC prevê que "não se levará a efeito a penhora quando evidente que o produto da execução dos bens encontrados será totalmente absorvido pelo pagamento das custas da execução", hipótese em que deverá ser suspenso o andamento do feito até que sejam localizados outros bens.(19)

5) Da não prejudicialidade do devedor

Com base nos ideais de justiça e eqüidade, preceitua o princípio supra, também denominado como princípio da economia processual por alguns doutrinadores, que a execução se processará da forma menos gravosa para o devedor.

Assim, o art. 620 do CPC estabelece que "quando por vários meios o credor puder promover a execução, o juiz mandará que se faça pelo modo menos gravoso para o devedor".

6) Da especificidade

O princípio da especificidade se refere somente à execução das obrigações de entregar coisa certa, de fazer e de não fazer, ditando que a finalidade da execução é fornecer ao credor a prestação específica constante do título executivo e apenas quando isso não for possível é que se converterá a prestação específica pelo equivalente em dinheiro, além de perdas e danos (arts. 627 e 633 do CPC).(20)

---

(19) A Lei n. 6.830/80, aplicada subsidiariamente no processo do trabalho por força do art. 889 da CLT, prevê que:
Art. 40: "O Juiz suspenderá o curso da execução, enquanto não for localizado o devedor ou encontrados bens sobre os quais possa recair a penhora, e, nesses casos, não correrá o prazo de prescrição.
(...)
§ 3º Encontrados que sejam, a qualquer tempo, o devedor ou os bens, serão desarquivados os autos para prosseguimento da execução".

(20) Art. 627: "O credor tem direito a receber, além de perdas e danos, o valor da coisa, quando esta não lhe for entregue, se deteriorou, não for encontrada ou não for reclamada do poder de terceiro adquirente".

7) Da responsabilidade pelas despesas processuais

Como a execução só é promovida em virtude do devedor não ter cumprido espontaneamente sua obrigação, ele fica responsável pelo pagamento de todas as despesas processuais relativas aos atos executórios, ainda que ocorra remição (art. 651 do CPC).(21) É o que preleciona o princípio em tela.

Frise-se, nesse particular, que a Lei n. 10.537/02 acrescentou o art. 789-A na CLT,(22) estabelecendo tabela de custas e expressamente mencionando a responsabilidade exclusiva do executado pelo pagamento delas.

8) Do não aviltamento do devedor

Não obstante o tão destacado estado de sujeição do devedor na execução, certo é que os atos executórios não podem expropriar dele bens indispensáveis à sua subsistência e à de sua família, já que isso os levaria à uma situação incom-

---

Art. 633: "Se, no prazo fixado, o devedor não satisfizer a obrigação, é lícito ao credor, nos próprios autos do processo, requerer que ela seja executada à custa do devedor, ou haver perdas e danos; caso em que ela se converte em indenização".

(21) Art. 651: "Antes de arrematados ou adjudicados os bens, pode o devedor, a todo tempo, remir a execução, pagando ou consignando a importância da dívida, mais juros, custas e honorários advocatícios".

(22) Art. 789-A: "No processo de execução são devidas custas, sempre de responsabilidade do executado e pagas ao final, de conformidade com a seguinte tabela:
I — autos de arrematação, de adjudicação e de remição: 5% (cinco por cento) sobre o respectivo valor, até o máximo de R$ 1.915,38 (um mil, novecentos e quinze reais e trinta e oito centavos);
II — atos dos oficiais de justiça, por diligência certificada:
a) em zona urbana: R$ 11,06 (onze reais e seis centavos);
b) em zona rural: R$ 22,13 (vinte e dois reais e treze centavos);
III — agravo de instrumento: R$ 44,26 (quarenta e quatro reais e vinte e seis centavos);
IV — agravo de petição: R$ 44,26 (quarenta e quatro reais e vinte e seis centavos);
V — embargos à execução, embargos de terceiro e embargos à arrematação: R$ 44,26 (quarenta e quatro reais e vinte e seis centavos);
VI — recurso de revista: R$ 55,35 (cinqüenta e cinco reais e trinta e cinco centavos);
VII — impugnação à sentença de liquidação: R$ 55,35 (cinqüenta e cinco reais e trinta e cinco centavos);
VIII — despesa de armazenagem em depósito judicial por dia: 0,1% (um décimo por cento) do valor da avaliação;
IX — cálculos de liquidação realizados pelo contador do juízo sobre o valor liquidado: 0,5% (cinco décimos por cento) até o limite de R$ 638,46 (seiscentos e trinta e oito reais e quarenta e seis centavos)".

patível com a dignidade humana e o legislador constitucional concebeu a dignidade da pessoa humana como um dos fundamentos da República Federativa do Brasil (art. 1º, III, da Constituição Federal).[23]

Dessa forma, o art. 649 do CPC[24] estabelece que determinados bens são absolutamente impenhoráveis, sendo certo que o art. 1º da Lei n. 8.009/90[25] também tornou relativamente impenhorável o chamado "bem de família", que, no processo do trabalho, só poderá ser apreendido para satisfazer "créditos de trabalhadores da própria residência e das respectivas contribuições previdenciárias", nos termos do art. 3º, I, da citada lei.

9) Da livre disponibilidade do processo, pelo credor

Considerando que o direito a ser satisfeito através da execução pertence ao credor, ele pode, independentemente da

---

(23) Art. 1º "A República Federativa do Brasil, formada pela união indissolúvel dos Estados e Municípios e do Distrito Federal, constitui-se em Estado Democrático de Direito e tem como fundamentos:
(...)
III — a dignidade da pessoa humana".
(24) Art. 649: "São absolutamente impenhoráveis:
I — os bens inalienáveis e os declarados, por ato voluntário, não sujeitos à execução;
II — as provisões de alimento e de combustível, necessárias à manutenção do devedor e de sua família durante um mês;
III — o anel nupcial e os retratos de família;
IV — os vencimentos dos magistrados, dos professores e dos funcionários públicos, o soldo e os salários, salvo para pagamento de prestação alimentícia;
V — os equipamentos dos militares;
VI — os livros, as máquinas, os utensílios e os instrumentos, necessários ou úteis ao exercício de qualquer profissão;
VII — as pensões, as tenças ou os montepios, percebidos dos cofres públicos, ou de institutos de previdência, bem como os provenientes de liberalidade de terceiro, quando destinados ao sustento do devedor ou da sua família;
VIII — os materiais necessários para obras em andamento, salvo se estas forem penhoradas;
IX — o seguro de vida;
X — o imóvel rural, até um módulo, desde que este seja o único de que disponha o devedor, ressalvada a hipoteca para fins de financiamento agropecuário".
(25) Art. 1º "O imóvel residencial próprio do casal, ou da entidade familiar, é impenhorável e não responderá por qualquer tipo de dívida civil, comercial, fiscal, previdenciária ou de outra natureza, contraída pelos cônjuges ou pelos pais ou filhos que sejam seus proprietários e nele residam, salvo nas hipóteses previstas nesta Lei".

vontade do devedor, desistir de toda a execução ou de algumas medidas executivas, de acordo com o princípio de que o credor-exeqüente possui a livre disponibilidade do processo.

Todavia, o art. 569 do CPC, ao concretizar tal princípio, dispôs, na alínea *b* de seu parágrafo único,(26) que na hipótese do devedor ter interposto embargos que não versem exclusivamente sobre questões processuais, a homologação da desistência depende da concordância do embargante.

3. Legislação aplicável à execução no processo do trabalho

A execução trabalhista é basicamente regulamentada pelos arts. 876 a 892 da CLT, cumprindo destacar que, para nomeação de bens à penhora, a ordem preferencial é a estabelecida no art. 655 do CPC,(27) em face do disposto no art. 882 celetista.(28) Quanto à remição, o art. 13 da Lei n. 5.584/70, que é específica para o processo do trabalho, dispõe que: "em qualquer hipótese, a remição só será deferível ao executado se este oferecer preço igual ao valor da condenação".

---

(26) Art. 569: "O credor tem a faculdade de desistir de toda a execução ou de apenas algumas medidas executivas.
Parágrafo único. Na desistência da execução, observar-se-á o seguinte:
a) serão extintos os embargos que versarem apenas sobre questões processuais, pagando o credor as custas e os honorários advocatícios;
b) nos demais casos, a extinção dependerá da concordância do embargante".
(27) Art. 655: "Incumbe ao devedor, ao fazer a nomeação de bens, observar a seguinte ordem:
I — dinheiro;
II — pedras e metais preciosos;
III — títulos da dívida pública da União ou dos Estados;
IV — títulos de crédito, que tenham cotação em bolsa;
V — móveis;
VI — veículos;
VII — semoventes;
VIII — imóveis;
IX — navios e aeronaves;
X — direitos e ações".
(28) Art. 882: "O executado que não pagar a importância reclamada poderá garantir a execução mediante depósito da mesma, atualizada e acrescida das despesas processuais, ou nomeando bens à penhora, observada a ordem preferencial estabelecida no art.655 do Código de Processo Civil".

Sempre que a legislação processual trabalhista for omissa no que tange aos trâmites e incidentes da atividade executória, aplica-se, subsidiariamente, por força do art. 889 da CLT,[29] a Lei n. 6.830/80, que rege o processo dos executivos fiscais para a cobrança judicial da dívida ativa da Fazenda Pública. E como o art. 1º dessa lei[30] prevê a aplicação subsidiária do CPC, tal diploma legal também é aplicado na execução trabalhista quando há omissão das normas trabalhistas e da Lei n. 6.830/80 a respeito de determinada matéria.

Portanto, na execução trabalhista aplica-se, em primeiro lugar, a CLT e suas leis complementares, em segundo lugar, subsidiariamente, a Lei n. 6.830/80 e, em terceiro lugar, o CPC, destacando-se, como bem ressaltou *Ísis de Almeida*, que:

> "a aplicação subsidiária *supra*, além de exigir que ocorra a omissão da CLT, está ainda condicionada a que não se contrariem os princípios básicos do processo trabalhista, notadamente os da oralidade, da concentração, da eventualidade, da economia e celeridade processuais; enfim, que se tenha sempre em vista no sentido objetivo, a índole pragmatista do Direito do Trabalho".[31]

4. Efetividade da execução trabalhista

A execução forçada, como já explicado, consiste no cumprimento coativo da obrigação reconhecida no título executivo, para entregar o bem jurídico devido ao credor. No Direito Civil, o sujeito ativo da execução é quase sempre a parte mais forte da relação jurídica, enquanto que, no Direito do Trabalho, diante do caráter social de suas lides, ocorre o inverso.

---

(29) Art. 889: "Aos trâmites e incidentes do processo da execução são aplicáveis, naquilo em que não contravierem ao presente Título, os preceitos que regem o processo dos executivos fiscais para a cobrança judicial da dívida ativa da Fazenda Pública Federal".

(30) Art. 1º "A execução judicial para cobrança da Dívida Ativa da União, dos Estados, do Distrito Federal, dos Municípios e respectivas autarquias será regida por esta lei e, subsidiariamente, pelo Código de Processo Civil".

(31) *Manual de Direito Processual do Trabalho*, 2º v., p. 410.

De fato, a execução trabalhista corresponde, em regra, à entrega ao hipossuficiente econômico do valor das verbas alimentares que lhe são devidas, reparando-se o mal causado. Ela garante a efetividade do processo, que:

> "significa a sua almejada aptidão a eliminar insatisfações, com justiça e fazendo cumprir o direito, além de valer como meio de educação geral para o exercício e respeito aos direitos e canal de participação dos indivíduos nos destinos da sociedade e assegurar-lhes a liberdade".(32)

Todavia, a efetividade do processo de execução trabalhista está, infelizmente, muito comprometida. Isso se deve ao acúmulo de serviço enfrentado pelos magistrados, decorrente, em parte, da ampliação da competência material da Justiça do Trabalho, à insuficiência do número de servidores para cumprir os atos processuais, bem como à legislação e à jurisprudência pátrias, que, em certos casos, terminam conferindo ao devedor um direito de resistência maior que o direito do credor de fazer cumprir a obrigação constante do título executivo.

Quanto à legislação brasileira, *Sérgio Pinto Martins* ressalta que:

> "As reformas processuais trataram de vários temas, como de tutelas de urgência, modificações de procedimentos, aperfeiçoamento do processo, correção de redação de lei, mas nada de concreto sobre a execução, que continua a ser a mesma morosa de sempre".(33)

Nesse mesmo sentido, *Maria Inês Corrêa de Cerqueira César Targa*, em artigo sobre "A atuação do juiz e a celeridade na execução trabalhista", afirma que:

> "A execução tem sido descuidada pelo legislador, que muito tem se preocupado com a celeridade da prestação jurisdicional de cognição, mas muito pouco tem feito para

---

(32) DINAMARCO, Cândido Rangel. *A instrumentalidade do processo*, p. 271.
(33) "Efetividade da execução trabalhista". *In Revista LTr. 66-09*, p. 1.069.

melhorar a tramitação da execução. Veja-se o exemplo da edição da Lei n. 9.957/00, que acelerou o procedimento das reclamações trabalhistas nas causas com valor até 40 salários mínimos, mas que em nada modificou a execução dessas sentenças".(34)

No que se refere à jurisprudência pátria, cumpre observar que, mesmo que nossas leis sejam consideradas ideais, certo é que raízes culturais históricas terminam fazendo com que a execução dessas leis seja sempre difícil.

Ricardo Sampaio lembra que a Carta Régia de 20.1.1745, expedida por D. João V ao então Corregedor do Crime da Corte, dizia que:

> "Sua Majestade me manda advertir a Vossa Mercê que as leis costumam ser feitas com muito vagar e sossego, nunca devem ser executadas com aceleração, e que nos casos crimes sempre ameaçam mais do que na realidade mandam, devendo os Ministros executores delas modificá-las em tudo o que lhes for possível, porque o Legislador é mais empenhado na conservação dos vassalos do que nos castigos da justiça; e não quer que os ministros procurem achar nas leis mais rigor do que elas impõem".(35)

A questão da efetividade da execução trabalhista é tão grave que o Ministro Ronaldo Lopes Leal, enquanto Corregedor-Geral da Justiça do Trabalho, reconheceu que "a maior falha da Justiça do Trabalho está na execução de suas decisões",(36) esclarecendo que esse problema "exige soluções rápidas, sob pena de se colocar em xeque toda a contribuição da justiça trabalhista brasileira".(37) Para o ministro, "não adianta a Justiça do Trabalho reconhecer os direitos constitucionais e legais do trabalhador, se no momento em que nós

---

(34) *Estudos do processo de execução: TRT — 15ª Região — 15 anos*, pp. 114-115.
(35) "O precatório trabalhista e a crise ética do Estado". *In Revista LTr 63-10*, p. 1330.
(36) Dor de cabeça. Execução é o maior problema da Justiça do Trabalho, *in* entrevista para a revista *Consultor Jurídico*, obtida através do site http://www.ceed.com.br/oabrj, em 11.3.05.
(37) *Idem*.

temos que entregar o dinheiro ao cidadão, não conseguimos fazer isso".[38]

A execução trabalhista, por sua lentidão:

"acaba sendo uma angústia para o credor. A demora na entrega da prestação jurisdicional e da efetividade da execução traz descontentamento, estimula o descumprimento da sentença, potencializa novo conflito ou o eterniza e gera descrédito do Poder Judiciário. Enquanto o credor não receber o que lhe foi assegurado pela sentença, ficará insatisfeito, desapontado, permanecendo o estado de litigiosidade, pois o credor ganhou, mas não conseguiu receber".[39]

Portanto, quando se trata da execução trabalhista, o tempo não é "senhor da razão", mas fator de perpetração de injustiça tanto para o credor-exeqüente como para os cidadãos em geral, inclusive no que se refere às gerações futuras, eis que a sociedade tem interesse no cumprimento das leis.

É preciso, pois, procurar mecanismos para que as leis deixem de "ameaçar mais do que na realidade mandam" e, ao contrário, passem a ser executadas com rigor e celeridade, garantindo efetividade ao devido processo legal.

---

(38) *Idem.*
(39) MARTINS, Sérgio Pinto. "Efetividade da execução trabalhista". *In Revista LTr 66-09*, p. 1.069.

CAPÍTULO III

FAZENDA PÚBLICA

1. Conceito de Fazenda Pública

Entende-se por Fazenda Pública todas as pessoas jurídicas de direito público interno, ou seja, União, Estados-membros, Distrito Federal, Municípios e suas respectivas autarquias, assim como as fundações instituídas e mantidas pelo Poder Público, já que possuem regime financeiro, orçamentário e contábil público.

Não são albergadas pelo conceito em tela as entidades paraestatais (empresas públicas, sociedades de economia mista, fundações que não tenham regime orçamentário público, serviços sociais autônomos e empresas concessionárias ou permissionárias de serviço público), eis que seus bens não são exclusivamente públicos e, assim, podem ser penhorados e alienados em eventual execução, como acontece quanto aos demais devedores — pessoas naturais ou jurídicas de direito privado em geral.

As pessoas jurídicas de direito público externo ficam excluídas deste estudo, uma vez que elas só podem ser executadas em seu próprio país, mediante expedição de carta rogatória, de modo que a efetiva satisfação da execução, nesse particular, independe da atividade jurisdicional brasileira.

2. Princípios especiais do ente público

A teor do disposto no art. 37, *caput,* da Constituição Federal de 1988, em sua atual redação, a Administração Pública obedecerá aos princípios de legalidade, impessoalidade, moralidade, publicidade e eficiência.

Hely Lopes Meirelles, ao comentar tais princípios, assevera que todos os atos administrativos hão de se pautar neles, já que esses princípios constituem "os fundamentos da ação administrativa, ou, por outras palavras, os sustentáculos da atividade pública".(1)

José Afonso da Silva, em brilhante lição, ensina que:

> "A Administração Pública é informada por diversos princípios gerais destinados, de um lado, a orientar a ação do administrador na prática dos atos administrativos e, de outro lado, a garantir a boa administração que se consubstancia na correta gestão dos negócios públicos e no manejo dos recursos públicos (dinheiro, bens e serviços) no interesse coletivo, com o que também se assegura aos administrados o seu direito a práticas administrativas honestas e probas".(2)

No mesmo sentido, *Maria Sylvia Zanella Di Pietro*, explica que:

> "Sendo o direito administrativo de elaboração pretoriana e não codificado, os princípios representam papel relevante nesse ramo do direito, permitindo à Administração e ao Judiciário estabelecer o necessário equilíbrio entre os direitos dos administrados e as prerrogativas da Administração. Os dois princípios fundamentais e que decorrem da assinalada bipolaridade do direito administrativo — liberdade do indivíduo e autoridade da Administração — são os princípios da *legalidade* e da *supremacia do interesse público sobre o particular*, que não são específicos do direito administrativo porque informam todos os ramos do direito público; no entanto, são essenciais por-

---

(1) *Direito Administrativo Brasileiro*, p. 82.
(2) *Curso de Direito Constitucional Positivo*, p. 569.

que, a partir deles, constróem-se todos os demais". (grifos no original)[(3)]

No que tange especificamente à execução contra a Fazenda Pública, *Carlos Henrique Bezerra Leite* ressalta que ela é norteada pelos seguintes princípios: a) impenhorabilidade e inalienabilidade dos bens públicos; b) universalidade orçamentária.[(4)]

É comum afirmar-se que os bens públicos são inalienáveis e impenhoráveis. Mas a inalienabilidade e impenhorabilidade desses bens é relativa, já que alguns deles podem ser alienados e, conseqüentemente, penhorados, como se demonstrará a seguir, salientando-se, contudo, que a jurisprudência majoritária não tem admitido a possibilidade de penhora de bens públicos.

Para compreender a questão, torna-se necessário lembrar que os bens públicos são divididos em três categorias, de acordo com o art. 99 do Código Civil:

> "Art. 99. São bens públicos:
>
> I — os de uso comum do povo, tais como rios, mares, estradas, ruas e praças;
>
> II — os de uso especial, tais como edifícios ou terrenos destinados a serviço ou estabelecimento da administração federal, estadual, territorial ou municipal, inclusive os de suas autarquias;
>
> III — os dominicais, que constituem o patrimônio das pessoas jurídicas de direito público, como objeto de direito pessoal, ou real, de cada uma dessas entidades.
>
> Parágrafo único. Não dispondo a lei em contrário, consideram-se dominicais os bens pertencentes às pessoas jurídicas de direito público a que se tenha dado estrutura de direito privado".

Verifica-se, portanto, que o legislador pátrio utilizou o critério da destinação dos bens públicos para classificá-los. Os bens da primeira categoria são destinados ao uso coletivo,

(3) *Direito Administrativo,* pp. 60-61.
(4) *Curso de Direito Processual do Trabalho,* p. 713.

os da segunda ao uso da Administração Pública, enquanto que os da terceira não têm destinação pública definida.

Em virtude da destinação pública dos bens das duas primeiras categorias, que os diferencia dos bens da terceira categoria, *Maria Sylvia Zanella Di Pietro* sustenta que, sob o aspecto jurídico, há apenas duas modalidades de bens públicos: os do domínio público do Estado (os bens de uso comum do povo e os de uso especial) e os do domínio privado do Estado (os bens dominicais), esclarecendo que:

> "Quando se estuda esse tema, no direito estrangeiro, verifica-se que os autores tratam, em geral, em capítulos à parte, dos bens do domínio público e dos bens do domínio privado, precisamente pela diversidade de regimes jurídicos que os caracteriza. No direito brasileiro, nem sempre se nota a mesma preocupação. Principalmente quando se trata da transferência de uso de bens públicos aos particulares, cuida-se dos vários institutos como se fossem os mesmos para as várias modalidades, quando, na realidade, existem sensíveis diferenças, principalmente no direito positivo federal".(5)

Feita essa distinção, é de se reconhecer que os bens de uso comum do povo e os bens de uso especial, em face de sua destinação pública, estão fora do comércio jurídico, ou seja, são inalienáveis, enquanto que os bens dominicais, por não possuírem destinação pública, sujeitam-se às regras de direito privado, sendo, pois, alienáveis.

É exatamente nesse sentido o art. 101 do Código Civil, que estabelece que "os bens públicos dominicais podem ser alienados, observadas as exigências da lei".

O Professor *Hely Lopes Meirelles*, com sua habitual maestria, leciona que:

> "todos os bens vinculados ao Poder Público por relações de domínio ou de serviço ficam sujeitos à sua administra-

(5) *Direito Administrativo*, p. 424.

ção. Daí o dizer-se que uns são bens do domínio público, e outros, bens do patrimônio administrativo. Com mais rigor técnico, tais bens são reclassificados, para efeitos administrativos, em bens do domínio público (os da primeira categoria: de uso comum do povo), bens patrimoniais indisponíveis (os da segunda categoria: de uso especial) e bens patrimoniais disponíveis (os da terceira e última categoria: dominiais), segundo se lê no Regulamento da Contabilidade Pública".[(6)]

Sabendo-se, portanto, que os bens dominicais pertencem ao patrimônio disponível da Administração Pública, ou seja, que esses bens são alienáveis, há de se concluir que eles também são penhoráveis. A tese no sentido de que a alienação dos bens dominicais só é possível através de ato voluntário da própria Administração Pública (e não por imposição judicial) não prospera, eis que, como se verá adiante (no capítulo VI, 1), o § 2º do art. 100 da Constituição Federal autoriza o seqüestro, pelo Poder Judiciário, de dinheiro público em determinadas hipóteses. É a destinação do bem (o fato dele ser dominical) que permite sua alienação, seja através de ato voluntário da Administração Pública ou por decisão do Poder Judiciário.

Todavia, a jurisprudência majoritária adota a tese da impossibilidade da penhora dos bens dominicais, sob o argumento de que a lei estabelece procedimento especial de execução contra a Fazenda Pública, procedimento esse que será analisado no capítulo V.

O outro princípio ressaltado por *Bezerra Leite,* da universalidade orçamentária, também merece algumas considerações neste estudo, diante da estreita relação entre a execução contra a Fazenda Pública e o seu orçamento, posto que, como se verá no próximo capítulo, a satisfação do credor depende da inclusão no orçamento público de verba específica para esse fim.

---

(6) *Direito Administrativo Brasileiro,* pp. 429-430.

José Afonso da Silva sustenta que os princípios orçamentários se destinam "de um lado e principalmente, a reforçar a utilização do orçamento como instrumento de controle parlamentar e democrático sobre a atividade financeira do Executivo e, de outro, a orientar a elaboração, aprovação e execução do orçamento".(7) Para ele, os princípios informadores do orçamento público são os a seguir enumerados:

1) Da exclusividade

O § 8º do art. 165 da Constituição Federal dispõe que "a lei orçamentária anual não conterá dispositivo estranho à previsão da receita e à fixação da despesa", donde se infere que a lei orçamentária não poderá tratar de matérias estranhas ao direito financeiro. Segundo o autor retrocitado:

> "o princípio deve ser entendido hoje como meio de evitar que se incluam na lei orçamentária normas relativas a outros campos jurídicos, tais como as que modificam ou ampliam, p. ex., o Código Civil, o Código Comercial e a legislação de pessoal".(8)

2) Da programação

O princípio em foco enuncia que a Administração Pública deverá estabelecer seus objetivos e estudar os meios de atingi-los, programando sua atividade. "É exigido pela Constituição, quando vincula os instrumentos normativos orçamentários e os planos e programas nacionais, regionais e setoriais nela previstos (arts. 48, II e IV, e 165, § 4º)".(9)

3) Do equilíbrio orçamentário

"O equilíbrio do orçamento consubstancia-se na relação de equivalência entre o montante das despesas autorizadas e

---

(7) *Curso de Direito Constitucional Positivo,* p. 623.
(8) *Idem*, p. 624.
(9) SILVA, José Afonso da. *Curso de Direito Constitucional Positivo*, p. 624.

o volume da receita prevista para o exercício financeiro".[10] A rigor, ocorre desequilíbrio orçamentário tanto quando a despesa é superior à receita, como na hipótese inversa, ou seja, da despesa ser inferior à receita e gerar o *superávit.*

4) Da anualidade

Reza esse princípio que o orçamento seja elaborado periodicamente, de modo a permitir que a Administração Pública se programe.

José Afonso da Silva, continuando seus ensinamentos, salienta, nesse particular, que a periodicidade interessa:

> "a) do ponto de vista político, por conceder ao Congresso Nacional a oportunidade de intervir periodicamente na atividade financeira, quer aprovando a proposta de orçamento, para o período seguinte, quer fiscalizando a administração financeira do governo e tomando-lhe as contas;
>
> b) do ponto de vista financeiro, porque marca um período durante o qual se efetuam a arrecadação e a contabilização dos ingressos e se comprometem as despesas autorizadas, encerrando as contas públicas em determinado momento;
>
> c) do ponto de vista econômico, para o fim de influir nas flutuações dos ciclos econômicos".[11]

Ainda que a Constituição da República, em seu art. 165, I, tenha estabelecido o plano plurianual, certo é que esse plano não é operativo por si só, mas por meio dos orçamentos anuais aludidos no inciso III do referido dispositivo constitucional, pelo que há de se concluir que o princípio da anualidade foi consagrado em nossa legislação.

---

(10) *Ibidem*, p. 625.
(11) *Curso de Direito Constitucional Positivo*, p. 626.

5) Da unidade

A exigência de que o orçamento seja uno foi adotada pela Constituição Federal que, em seu art. 165 e §§ 1º a 5º[12], vinculou os orçamentos aos planos de governo, "consolidando orçamento fiscal, de investimento das empresas e da seguridade, numa lei orçamentária anual única". [13]

6) Da universalidade ou globalização

Atualmente, o princípio da universalidade ou globalização está estreitamente relacionado ao princípio da unidade, já que "quer dizer que deverão ser incluídos no orçamento os aspectos do programa de cada órgão, principalmente aqueles que envolvam qualquer transação financeira".[14]

---

(12) Art. 165: "Leis de iniciativa do Poder Executivo estabelecerão:
I — o plano plurianual;
II — as diretrizes orçamentárias;
III — os orçamentos anuais;
§ 1º A lei que instituir o plano plurianual estabelecerá, de forma regionalizada, as diretrizes, objetivos e metas da administração pública federal para as despesas de capital e outras dela decorrentes e para as relativas aos programas de duração continuada.
§ 2º A lei de diretrizes orçamentárias compreenderá as metas e prioridades da administração pública federal, incluindo as despesas de capital para o exercício financeiro subseqüente, orientará a elaboração da lei orçamentária anual, disporá sobre as alterações na legislação tributária e estabelecerá a política de aplicação das agências financeiras oficiais de fomento.
§ 3º O Poder Executivo publicará, até trinta dias após o encerramento de cada bimestre, relatório resumido da execução orçamentária.
§ 4º Os planos e programas nacionais, regionais e setoriais previstos nesta Constituição serão elaborados em consonância com o plano plurianual e apreciados pelo Congresso Nacional.
§ 5º A lei orçamentária anual compreenderá:
I — o orçamento fiscal referente aos Poderes da União, seus fundos, órgãos e entidades da administração direta e indireta, inclusive fundações instituídas e mantidas pelo Poder Público;
II — o orçamento de investimento das empresas em que a União, direta ou indiretamente, detenha a maioria do capital social com direito a voto;
III — o orçamento da seguridade social, abrangendo todas as entidades e órgãos a ela vinculados, da administração direta e indireta, bem como os fundos e fundações instituídos e mantidos pelo Poder Público".

(13) SILVA, José Afonso da, *Curso de Direito Constitucional Positivo*, p. 627.

(14) *Ibidem*, p. 628.

7) Da legalidade

O princípio da legalidade, em linhas gerais, enuncia que "ninguém será obrigado a fazer ou deixar de fazer alguma coisa senão em virtude de lei", como está expressamente contido no art. 5º, II, da Constituição Federal. A Administração Pública também se submete a esse princípio, de modo que ela fica subordinada aos ditames legais.

No que pertine ao orçamento público, o sempre brilhante *José Afonso da Silva* destaca que:

> "Constitui exigência constitucional expressa que leis de iniciativa do Presidente da República estabelecerão: o plano plurianual, as diretrizes orçamentárias e os orçamentos anuais (art. 165); estes são aqueles que integram a lei orçamentária anual, a saber: o orçamento fiscal, o orçamento de investimento das empresas e o orçamento da seguridade social (art. 165, § 5º). Mas o princípio da legalidade em matéria orçamentária não se reduz ao aspecto mencionado. Estende-se também aos planos, programas, operações e abertura de crédito, transposição, remanejamento ou transferência de recursos de uma programação para outra ou de um órgão para outro e a instituição de fundos (arts. 48, II e IV, 166, 167, I, III, V, VI e IX)".(15)

8) Da não-vinculação

Esse princípio veda a vinculação de receitas a órgão, fundo ou despesa e está consubstanciado no art. 167, IV, da Constituição da República,(16) com as ressalvas lá apostas.

---

(15) *Curso de Direito Constitucional Positivo*, p. 628.

(16) Art. 167: "São vedados:

(...)

V — a vinculação de receitas de impostos a órgão, fundo ou despesa, ressalvadas a repartição do produto da arrecadação dos impostos a que se referem os arts. 158 e 159, a destinação de recursos para as ações e serviços públicos de saúde e para manutenção e desenvolvimento do ensino, como determinado, respectivamente, pelos arts. 198, § 2º, e 212, e a prestação de garantias às operações de crédito por antecipação de receita, previstas no art. 165, § 8º, bem como o disposto no § 4º deste artigo".

9) Da quantificação

O princípio da quantificação se traduz na definição do montante que a Administração Pública está autorizada a gastar. É previsto no art. 167, VII, da Constituição Federal, que veda "a concessão ou utilização de créditos ilimitados", sendo complementado pelos incisos II e III do citado dispositivo constitucional, que vedam "a realização de despesas ou assunção de obrigações diretas que excedam os créditos orçamentários ou adicionais" e a "realização de operações de créditos que excedam o montante das despesas de capital, ressalvadas as autorizadas mediante créditos suplementares ou especiais com finalidade precisa, aprovados pelo Poder Legislativo por maioria absoluta".

Para finalizar esse tópico relativo aos princípios especiais do ente público, cumpre destacar que o fundamento do tratamento diferenciado que a Administração Pública recebe do nosso legislador se justifica exclusivamente com o objetivo de preservar o interesse coletivo que ela representa ou, em outras palavras, para garantir a supremacia do interesse público sobre o particular. E não para defender o interesse do próprio Estado, sob pena de se converterem as prerrogativas do ente público em meros privilégios, com comprometimento do Estado Democrático de Direito.

Ana Paula Pellegrina Lockmann, em estudo sobre o mesmo tema, faz a seguinte distinção:

> "Há interesses exclusivos do Estado, que não se confundem com o interesse público, como, por exemplo, a arrecadação de dinheiro por meio de impostos e taxas, o inadimplemento de precatórios judiciais. Isso porque o Estado é pessoa jurídica de direito público, possuindo, desta feita, interesses próprios e particulares, que jamais podem ser confundidos com interesses públicos".[17]

(17) *A Execução contra a Fazenda Pública — Precatórios Trabalhistas*, p. 67.

Nesse sentido, *Fernão Borba Franco* já afirmou: "Claro que existe essa superioridade do interesse público sobre o privado, mas não se pode confundir o interesse da Fazenda Pública com o interesse público".[18]

(18) *Execução em face da Fazenda Pública*, pp. 58-59.

CAPÍTULO IV

A FAZENDA PÚBLICA NA JUSTIÇA DO TRABALHO

1. Hipóteses em que a Fazenda Pública está em juízo

Antes da promulgação da Constituição da República de 1988, a Justiça do Trabalho não possuía competência material para conciliar e julgar as lides que envolviam a União, as autarquias federais ou as fundações públicas federais, estivessem tais pessoas jurídicas na posição de credora ou de devedora.

Com efeito, *Manoel Antonio Teixeira Filho* esclarece que:

"na vigência da Constituição de 1967, não havia possibilidade de execução forçada, na Justiça do Trabalho, contra a Fazenda Pública Federal (União), porquanto isso entrava na competência da Justiça Federal Comum, conforme estabelecia o art. 125, I".(1)

Com a promulgação da Constituição Federal de 1988, a competência da Justiça do Trabalho foi ampliada, nos termos do art. 114 constitucional que, em sua primitiva redação, estabelecia o seguinte:

> "Art. 114. Compete à Justiça do Trabalho conciliar e julgar os dissídios individuais e coletivos entre trabalhadores e empregadores, abrangidos os entes de direito público externo e da administração pública direta e indireta dos Municípios, do Distrito Federal, dos Estados e da União, e, na forma da lei, outras controvérsias decorrentes da relação de trabalho, bem como os litígios que tenham origem no cumprimento de suas próprias sentenças, inclusive coletivas".

---

(1) *Execução no Processo do Trabalho,* p. 245.

Dessa forma, a Justiça do Trabalho passou a ter competência material para solucionar os dissídios entre trabalhadores e empregadores, inclusive quando o empregador fosse ente de direito público, sendo que, nos termos do art. 652, "a", III, da CLT,[(2)] a Justiça do Trabalho também passou a ter competência para conhecer e julgar os litígios resultantes de contratos de empreitada firmados pelo ente público quando o empreiteiro fosse operário ou artífice.

A Emenda Constitucional n. 20/98, por sua vez, ampliou a competência da Justiça do Trabalho para incluir a cobrança de contribuições previdenciárias em favor da Fazenda Pública. A referida Emenda incluiu o seguinte § 3º ao então art. 114 da Constituição Federal: "Compete ainda à Justiça do Trabalho executar, de ofício, as contribuições sociais previstas no art. 195, I, *a*, e II, e seus acréscimos legais, decorrentes das sentenças que proferir" (dispositivo previsto atualmente no inciso VIII do art. 114 da Constituição da República).

Recentemente, a competência da Justiça do Trabalho foi novamente ampliada através da Emenda Constitucional n. 45/04, que conferiu outra redação ao aludido art. 114, nos seguintes termos:

> "Art. 114. Compete à Justiça do Trabalho processar e julgar:
>
> I — as ações oriundas da relação de trabalho, abrangidos os entes de direito público externo e da administração pública direta e indireta da União, dos Estados, do Distrito Federal e dos Municípios;
>
> II — as ações que envolvam exercício do direito de greve;
>
> III — as ações sobre representação sindical, entre sindicatos, entre sindicatos e trabalhadores, e entre sindicato e empregadores;
>
> IV — os mandados de segurança, *habeas corpus* e *habeas data*, quando o ato questionado envolver matéria sujeita à sua jurisdição;

---

(2) Art. 652: "Compete às Juntas de Conciliação e Julgamento:
a) conciliar e julgar:
(...)
III — os dissídios resultantes de contratos de empreitadas em que o empreiteiro seja operário ou artífice".

V — os conflitos de competência entre órgãos com jurisdição trabalhista, ressalvado o disposto no art. 102, I, *o*;

VI — as ações de indenização por dano moral ou patrimonial, decorrentes da relação de trabalho;

VII — as ações relativas às penalidades administrativas impostas aos empregadores pelos órgãos de fiscalização das relações de trabalho;

VIII — a execução, de ofício, das contribuições sociais previstas no art. 195, I, *a*, e II, e seus acréscimos legais, decorrentes das sentenças que proferir;

IX — outras controvérsias decorrentes da relação de trabalho, na forma da lei.

§ 1º Frustrada a negociação coletiva, as partes poderão eleger árbitros.

§ 2º Recusando-se qualquer das partes à negociação coletiva ou à arbitragem, é facultado às mesmas, de comum acordo, ajuizar dissídio coletivo de natureza econômica, podendo a Justiça do Trabalho decidir o conflito, respeitadas as disposições mínimas legais de proteção ao trabalho, bem como as convencionadas anteriormente.

§ 3º Em caso de greve em atividade essencial, com possibilidade de lesão do interesse Público, o Ministério Público do Trabalho poderá ajuizar dissídio coletivo, competindo à Justiça do Trabalho decidir o conflito".

Atualmente, portanto, são várias as hipóteses em que a Fazenda Pública pode ser demandada na Justiça do Trabalho: por ter contratado trabalhadores com vínculo empregatício, por ter mantido simples relação de trabalho, por ter sido autuada pelos órgãos de fiscalização etc.

Por ora, os litígios decorrentes do labor prestado pelos servidores públicos estatutários estão excluídos da competência da Justiça do Trabalho, em função da liminar concedida pelo Ministro Nelson Jobim nos autos da ADIn n. 3.395, interposta pela AJUFE — Associação dos Juízes Federais do Brasil.(3) Dessa forma, por enquanto a Fazenda Pública não pode

(3) Consta da decisão do MM. Juiz Relator a suspensão de "toda e qualquer interpretação dada ao inciso I do art. 114 da CF, na redação dada pela EC n. 45/2004, que inclua, na competência da Justiça do Trabalho a '... apreciação de causas que sejam

ser demandada na Justiça do Trabalho por seus servidores estatutários.

Nos processos de competência da Justiça do Trabalho, a Fazenda Pública também pode executar contribuições previdenciárias e penalidades impostas pelos órgãos de fiscalização, sendo que, ao que tudo indica, brevemente, poderá executar contribuições fiscais, já que a competência da Justiça Especializada provavelmente ainda será ampliada para albergar a execução do imposto de renda incidente sobre os valores pagos por força das decisões proferidas em processos de sua competência.

Como o presente estudo se limita à execução forçada de créditos alimentares contra a Fazenda Pública (o conceito de créditos alimentares será tratado no capítulo V), não se aprofundará a discussão sobre a nova competência da Justiça do Trabalho.

Destaca-se apenas que toda condenação da Administração Pública no pagamento de créditos alimentares na Justiça do Trabalho decorre do fato dela ter celebrado um contrato de prestação de serviços (relação de emprego ou relação de trabalho que não configura vínculo empregatício), ou seja, dela ter agido na condição de pessoa jurídica de direito privado, e não de direito público.

Ora, se para celebrar tais contratos a Fazenda Pública se despe de seu poder de império, utilizando seu poder de gestão como mero particular, o razoável seria que ela também fosse considerada simples pessoa jurídica de direito privado para suportar os ônus dos atos realizados nessa condição.

Assim, muito embora se reconheça que a nossa legislação tenha adotado procedimento especial para a execução contra a Fazenda Pública, mesmo nas hipóteses de créditos decorrentes da sua atuação como pessoa jurídica de direito

---

instauradas entre Poder Público e seus servidores, a ele vinculados por típica relação de ordem estatutária ou de caráter jurídico-administrativo'".

privado, assinala-se que os bens dominicais, por poderem ser alienados e penhorados, como já consignado neste estudo, também poderiam suportar eventual execução direta contra a Administração Pública.

No que tange à atuação da Fazenda Pública como mero particular na contratação de serviços, *Raimundo Simão de Melo* e *Osmar Vicente Bruno* observam que:

> "... o Estado empregador, de maneira geral, não se comporta como réu exemplar, como deveria, mas ao contrário, tem agido como mau empregador, contribuindo para a ineficácia da ordem jurídica trabalhista e com isso contornando e protelando o cumprimento da lei, o que é lamentável, porquanto, se toda prestação jurisdicional deve ser dada pelo próprio Estado de forma célere, tal, por óbvias razões tem maior relevância na Justiça do Trabalho, onde o que se busca é uma prestação de natureza alimentar. O hipossuficiente cidadão trabalhador busca hoje, já com atraso, aquilo que seria o seu sustento de ontem; aguarda por vários anos para obter um comando com força de coisa julgada e depois, num processo de execução, sofre as maiores decepções".(4)

Dessarte, para obrigar a Fazenda Pública ao cumprimento da lei, é preciso começar a pensar nela como pessoa jurídica de direito privado quando sua atuação ocorre na condição de particular.

2. Tratamento diferenciado que a Fazenda Pública recebe em juízo

Em virtude das prerrogativas instituídas pelo legislador, a Fazenda Pública, quando está em Juízo, é tratada de forma diferenciada.

---

(4) "Execução trabalhista contra a Fazenda Pública: uma questão de moralização das decisões judiciais". *In Revista LTr 60-03*, p. 352.

A principal diferença, no que diz respeito a este estudo, refere-se à execução da Fazenda Pública através de procedimento especial previsto no art. 100 e seu § 3º da Constituição Federal[5] (precatório-requisitório e requisição), o que dispensa a garantia do juízo para conhecimento dos seus embargos à execução.

As demais diferenças quanto à atuação da Fazenda Pública como reclamada na Justiça do Trabalho referem-se à presunção relativa de validade dos pedidos de demissão firmados por seus empregados, elastecimento dos prazos processuais, dispensa de depósitos recursais, reexame necessário das decisões que lhe são desfavoráveis e pagamento de despesas processuais ao final, tudo na forma do Decreto-lei n. 779/69,[6] além da não-incidência da multa pelo atraso no pagamento das verbas rescisórias incontroversas, nos termos do parágrafo único do art. 467 da CLT.[7]

---

(5) Art. 100: "À exceção dos créditos de natureza alimentícia, os pagamentos devidos pela Fazenda Federal, Estadual e Municipal, em virtude de sentença judiciária, far-se-ão exclusivamente na ordem cronológica de apresentação dos precatórios e à conta dos créditos respectivos, proibida a designação de casos ou de pessoas nas dotações orçamentárias e nos créditos abertos para este fim.
(...)
§ 3º O disposto no *caput* deste artigo, relativamente à expedição de precatórios, não se aplica aos pagamentos de obrigações definidas em lei como de pequeno valor que a Fazenda Federal, Estadual ou Municipal deva fazer em virtude de sentença judicial transitada em julgado".

(6) Art. 1º "Nos processos perante a Justiça do Trabalho constituem privilégio da União, dos Estados, do Distrito Federal, dos Municípios e das autarquias ou fundações de direito público federais, estaduais ou municipais que não explorem atividade econômica:
I — a presunção relativa de validade dos recibos de quitação ou pedidos de demissão de seus empregados, ainda que não homologados e nem submetidos à assistência mencionada nos §§ 1º, 2º e 3º do art. 477 da Consolidação das Leis do Trabalho;
II — o quádruplo do prazo fixado no art. 841, *in fine*, da Consolidação das Leis do Trabalho;
III — o prazo em dobro para recurso;
IV — a dispensa de depósitos para interposição de recurso;
V — o recurso ordinário *ex officio* das decisões que lhe sejam total ou parcialmente contrárias;
VI — o pagamento de custas a final, salvo quanto à União Federal, que não as pagará".

(7) Art. 467: "Em caso de rescisão do contrato de trabalho, havendo controvérsia sobre o montante das verbas rescisórias, o empregador é obrigado a pagar ao trabalhador, à data do comparecimento à Justiça do Trabalho, a parte incontroversa dessas verbas, sob pena de pagá-las acrescidas de cinqüenta por cento.
Parágrafo único. O disposto no *caput* não se aplica à União, aos Estados, ao Distrito Federal, aos Municípios, e às suas autarquias e fundações públicas".

CAPÍTULO V

EXECUÇÃO CONTRA A FAZENDA PÚBLICA

1. Cabimento da Execução contra a Fazenda Pública

De acordo com o art. 876 da CLT,[1] é cabível a execução trabalhista fundada em título executivo judicial (sentença, acórdão ou acordo homologado), bem como a fundada em título executivo extrajudicial (termo de ajuste de conduta firmado perante o Ministério Público do Trabalho ou termo de conciliação celebrado na Comissão de Conciliação Prévia), sendo que a Fazenda Pública pode ser executada em ambas as hipóteses.

Também é cabível a execução provisória, a requerimento do interessado, quando, contra a sentença ou acórdão, foi interposto recurso recebido apenas no efeito devolutivo, ou seja, quando a decisão judicial ainda não transitou em julgado, sendo que nessa hipótese a execução tramita apenas até a citação do ente público, ficando a partir daí suspenso o andamento do feito, nos termos do art. 899 da CLT,[2] já que, como se verá adiante, a princípio não há penhora de bens na execução contra a Fazenda Pública. A maioria dos juristas, contudo, sustenta a tese de que a execução provisória ainda permite o julgamento de embargos e de agravo de petição.

Por oportuno, cumpre ressaltar que é juridicamente impossível a execução provisória de título executivo extrajudicial.

---

(1) Art. 876: "As decisões passadas em julgado ou das quais não tenha havido recurso com efeito suspensivo; os acordos, quando não cumpridos; os termos de ajuste de conduta firmados perante o Ministério Público do Trabalho e os termos de conciliação firmados perante as Comissões de Conciliação Prévia serão executados pela forma estabelecida neste Capítulo".

(2) Art. 899: "Os recursos serão interpostos por simples petição e terão efeito meramente devolutivo, salvo as exceções previstas neste Título, permitida a execução provisória até a penhora".

2. Procedimento inicial da execução

Ainda que este trabalho seja limitado à execução das obrigações de pagar contra a Fazenda Pública, registra-se que a doutrina majoritária entende que:

> "nas obrigações de dar (coisa certa ou incerta), de fazer e de não fazer, a execução contra a Fazenda Pública não diferirá das que se processam em relação aos devedores em geral (CPC, arts. 738, IV, e 632 a 641)".(3)

Vicente Greco Filho, contudo, sustenta "serem inviáveis a cominação e a imposição de multa contra pessoa jurídica de direito público",(4) sob o argumento de que contra a Fazenda Pública

> "esta multa não tem nenhum efeito cominatório porque não é o administrador renitente que irá pagá-la, mas os cofres públicos, ou seja, o povo. Não tendo efeito cominatório, não tem sentido sua utilização como meio executivo".(5)

Na hipótese da obrigação de pagar da Fazenda Pública ser ilíquida, inicialmente procede-se à liquidação do título executivo (por cálculos, arbitramento ou artigos), da mesma forma que se faria quanto aos demais devedores e, depois de homologados os cálculos de liquidação, expede-se mandado de citação para o devedor.

O mandado de citação da Fazenda Pública deve conter os elementos indispensáveis para a identificação do feito (juízo em que tramita a execução, número do processo, nome do credor e do devedor) e, nos exatos termos do disposto no § 1º do art. 880 da CLT, "a decisão exeqüenda ou o termo de acordo não cumprido". Interpretação literal desse dispositivo leva à conclusão de que é necessário que conste do mandado a íntegra do título executivo. No entanto, *José Augusto Rodrigues Pinto* aduz que:

> "deve entender-se a expressão da lei que assim ordena (CLT, art. 880, § 1º) como referente ao *decisum* ou con-

---

(3) TEIXEIRA FILHO, Manuel Antonio. *Execução no Processo do Trabalho*, p. 245.
(4) *Direito Processual Civil brasileiro*, 3º v., p. 69.
(5) *Ibidem*.

clusão porque nele se contém o comando da coisa julgada a obedecer. Tendo sido processada prévia liquidação, o teor do respectivo *decisum* deve ser-lhe integrado".[(6)]

Manoel Antonio Teixeira Filho afirma que o objetivo do legislador é atendido com a simples reprodução, no mandado, do dispositivo da sentença, esclarecendo que, como o devedor pode retirar os autos em carga para obter os elementos necessários para apresentar embargos, não se vislumbra a nulidade da execução pelo fato de o mandado de citação não conter a íntegra da sentença exeqüenda.[(7)]

Valentin Carrion, por sua vez, assevera que:

> "é tolerável que, no juízo da execução, a sentença ou acordo sejam transcritos somente em sua parte dispositiva, onde se contém o ato de vontade judicial concreto. Tratando-se de execução por carta precatória em outra comarca, tal hábito é inaceitável, pois viola o direito do executado de ter fácil conhecimento integral da sentença, cujo cumprimento se pretende".[(8)]

Apesar dos posicionamentos jurídicos acima expostos, a praxe forense acabou por entender que basta a transcrição no mandado do valor total da execução, discriminando-se o que é devido a título principal, multa, contribuições previdenciárias, honorários periciais, honorários advocatícios, custas e demais despesas processuais, quando a execução for fundada em título judicial.

A diferença entre a citação da Fazenda Pública e a dos demais devedores é que ela não é citada para pagar ou garantir a execução sob pena de penhora, conforme art. 880 da CLT,[(9)] mas apenas para, querendo, apresentar embargos, ou

---

(6) *Execução Trabalhista: estática, dinâmica, prática*, p. 162.

(7) *Execução no Processo do Trabalho*, p. 394.

(8) *Comentários à Consolidação das Leis do Trabalho*, p. 675.

(9) Art. 880: "O juiz ou presidente do Tribunal, requerida a execução, mandará expedir mandado de citação ao executado, a fim de que cumpra a decisão ou o acordo no prazo, pelo modo e sob as cominações estabelecidas, ou, em se tratando de pagamento em dinheiro, incluídas as contribuições sociais devidas ao INSS, para que pague em quarenta e oito horas, ou garanta a execução, sob pena de penhora".

seja, o conhecimento dos embargos à execução da Fazenda Pública prescinde da prévia garantia do juízo.

Muito se discute sobre o prazo para oposição dos referidos embargos pela Fazenda Pública.

Uma corrente doutrinária sustenta que o prazo é de 5 dias, como previsto no art. 884 da CLT,[(10)] enquanto que outra aduz que o prazo é de 10 dias, nos termos do art. 730 do CPC,[(11)] já que esse último dispositivo é específico para a Fazenda Pública.

Os partidários da primeira corrente criticam a segunda, com razão, sob o argumento de que o art. 8º da CLT[(12)] só autoriza a aplicação subsidiária do direito comum "na falta de disposições legais ou contratuais" a respeito, o que não ocorre, já que a CLT é expressa ao prever o prazo de 5 dias para interposição de embargos.

Uma terceira corrente, invocando o Decreto-lei n. 779/69, que estabelece o quádruplo do prazo fixado no art. 841 da CLT[(13)] para a Fazenda Pública apresentar defesa, argumenta que o prazo de embargos é de 20 dias, o que, todavia, não merece acolhida, uma vez que os embargos à execução não estão previstos no mencionado art. 841 da CLT, mas no art. 884 do mesmo diploma legal.

---

(10) Art. 884: "Garantida a execução ou penhorados os bens, terá o executado cinco dias para apresentar embargos, cabendo igual prazo ao exeqüente para impugnação".

(11) Art. 730: "Na execução por quantia certa contra a Fazenda Pública, citar-se-á a devedora para opor embargos em 10 (dez) dias; se esta não os opuser, no prazo legal, observar-se-ão as seguintes regras:"

(12) Art. 8º "As autoridades administrativas e a Justiça do Trabalho, na falta de disposições legais ou contratuais, decidirão, conforme o caso, pela jurisprudência, por analogia, por eqüidade e outros princípios e normas gerais de direito, principalmente do direito do trabalho, e, ainda, de acordo com os usos e costumes, o direito comparado, mas sempre de maneira que nenhum interesse de classe ou particular prevaleça sobre o interesse público.

Parágrafo único. O direito comum será fonte subsidiária do direito do trabalho, naquilo em que não for incompatível com os princípios fundamentais deste".

(13) Art. 841: "Recebida e protocolada a reclamação, o escrivão ou chefe de Secretaria, dentro de 48 (quarenta e oito) horas, remeterá a segunda via da petição, ou do termo, ao reclamado, notificando-o, ao mesmo tempo, para comparecer à audiência de julgamento, que será a primeira desimpedida, depois de 5 (cinco) dias".

Em virtude de Medida Provisória expressamente prevendo que, para a Fazenda Pública, o prazo a que se refere o art. 884 da CLT "passa a ser de trinta dias", surgiu uma quarta corrente doutrinária alegando que o prazo para a Administração Pública opor embargos à execução é de 30 dias. Essa Medida Provisória foi reeditada diversas vezes (a última em 24.8.01, sob o n. 2.180-35) e, embora não tenha sido convertida em lei, continua em plena vigência.(14)

Porém, não se pode deixar de relatar que a constitucionalidade dessa Medida Provisória é questionada tanto no aspecto formal (sob o argumento de que a matéria tratada não tem a urgência que justifique a edição de Medida Provisória) como no material (sob o argumento de que a norma instituiu privilégio especial para os entes públicos), sendo que a tendência da jurisprudência é de declarar a inconstitucionalidade no aspecto formal.(15)

Dessarte, a maioria dos juristas entende que o prazo para a Fazenda Pública opor embargos à execução é de 5 dias, como defendido pela primeira corrente doutrinária citada.

Uma vez julgados os embargos (e eventual impugnação) à execução pelo Juiz da Vara do Trabalho, não cabe remessa de ofício dos autos ao Tribunal para reexame necessário da decisão desfavorável à Fazenda Pública, posto que o art. 1º, V, do Decreto-lei n. 779/69 prevê tal medida apenas para a hipótese de recurso ordinário (e não de agravo de petição). Mas se a Fazenda Pública quiser recorrer, possui prazo em dobro para apresentação do agravo de petição, a teor do previsto no inciso III do dispositivo legal retromencionado.

---

(14) Isso porque em 12.9.01, quando a Medida Provisória n. 2.180-35 ainda estava em vigor, foi publicada a Emenda Constitucional n. 32/02, estabelecendo, em seu art. 2º, que "as medidas provisórias editadas em data anterior à da publicação desta emenda continuam em vigor até que medida provisória ulterior as revogue explicitamente ou até deliberação definitiva do Congresso Nacional", sendo certo que não houve Medida Provisória ulterior que revogasse explicitamente a norma em foco, nem deliberação definitiva do Congresso Nacional a respeito.

(15) Nesse sentido a decisão do Pleno do TST, em agosto/05, no julgamento do incidente de inconstitucionalidade levantado no RR/1992, tendo sido relator o Ministro Ives Gandra Martins Filho.

3. Precatório-requisitório para as dívidas comuns

Estando o título devidamente liquidado, sem possibilidade de recurso, há dois caminhos para o prosseguimento da execução contra a Fazenda Pública. O primeiro, utilizado como regra geral, será tratado neste tópico, sendo que por "dívidas comuns" deve-se entender todas as dívidas que não são consideradas como de "pequeno valor". O segundo caminho é previsto apenas para as dívidas de "pequeno valor" e será abordado no próximo tópico.

Para as dívidas comuns, após o trânsito em julgado da decisão que fixou o valor da dívida, o juiz da execução expede um ofício solicitando ao Juiz do Tribunal correspondente que determine à Fazenda Pública a requisição do valor exeqüendo, mediante previsão na lei orçamentária anual, de quantia certa para satisfazer obrigação decorrente de condenação judicial irrecorrível.

Esse ofício constitui o denominado "precatório", que, segundo *José Augusto Rodrigues Pinto*, é "instrumento de uma deprecação, ato de pedir".(16) Ele explica que a solicitação:

> "do juízo competente para executar, mas sem poder para dirigir-se à autoridade representativa do órgão devedor, senão por meio do Tribunal de grau superior, configura a súplica característica da carta precatória ou da carta rogatória".(17)

O passo seguinte na execução contra a Fazenda Pública é a efetiva requisição do valor exeqüendo, pelo Juiz do Tribunal, o que "caracteriza a ordem para que se cumpra a sentença".(18)

Tecnicamente, portanto, precatório é a solicitação feita pelo juiz da execução ao Tribunal, enquanto que o requisitório é a determinação do Juiz do Tribunal à Fazenda Pública. A soma desses dois atos é que torna adequada a nomenclatura de "pre-

---

(16) *Execução Trabalhista: estática, dinâmica, prática*, p. 316.
(17) *Idem*, p. 317.
(18) *Idem*, p. 317.

catório-requisitório" utilizada tanto pela doutrina como pela jurisprudência.

Definido o precatório-requisitório, passa-se a analisá-lo de acordo com a legislação vigente, destacando-se que tal instituto é uma fórmula genuinamente brasileira.

O art. 100 da Constituição Federal estabelece que:

> "Art. 100. À exceção dos créditos de natureza alimentícia, os pagamentos devidos pela Fazenda Federal, Estadual ou Municipal, em virtude de sentença judiciária, far-se-ão exclusivamente na ordem cronológica de apresentação dos precatórios e à conta dos créditos respectivos, proibida a designação de casos ou de pessoas nas dotações orçamentárias e nos créditos adicionais abertos para este fim".

Considerando que o salário, objeto de muitas das condenações da Justiça do Trabalho, possui incontroversa natureza jurídica alimentar, é de se indagar, inicialmente, sobre o conceito de "créditos de natureza alimentícia", pois, à primeira vista, parece que os créditos de tal natureza, quando devidos pela Fazenda Pública, não seriam executados através de precatório-requisitório.

De acordo com o entendimento dominante, o conceito de "créditos de natureza alimentícia" abrange todas as verbas decorrentes da relação de emprego, sejam elas de natureza jurídica indenizatória ou salarial para fins de repercussão nas demais verbas contratuais, recolhimentos fiscais e contribuições previdenciárias. Tanto assim, que a Emenda Constitucional n. 30/00 acrescentou o § 1º-A ao art. 100 da Constituição da República, acolhendo o amplo conceito de créditos de natureza alimentícia.[19] E, por essa razão, acredita-se que as verbas decorrentes do contrato de trabalho que não configura relação empregatícia também possuem natureza jurídica alimentar.

---

(19) 1º-A: "Os débitos de natureza alimentícia compreendem aqueles decorrentes de salários, vencimentos, proventos, pensões e suas complementações, benefícios previdenciários e indenizações por morte ou invalidez, fundadas na responsabilidade civil, em virtude de sentença transitada em julgado".

Pois bem. Interpretação literal do transcrito art. 100 da Constituição Federal leva à conclusão de que a Fazenda Pública deveria ser executada diretamente na Justiça do Trabalho quanto aos créditos de natureza jurídica alimentar, ficando a utilização do precatório-requisitório limitada ao cumprimento das execuções de dívidas de outra natureza. Aliás, foram nesse sentido alguns dos julgados da época da promulgação da Constituição da República de 1988, quando a Justiça Especializada só possuía competência para condenar ao pagamento de verbas alimentares:

"EXECUÇÃO DE CRÉDITO TRABALHISTA CONTRA ENTIDADE PÚBLICA — Como os créditos trabalhistas têm natureza alimentícia, a execução deles frente a entidades públicas, com o advento da Constituição Federal promulgada em 5.10.88, não pode ser feita através de precatório, e sim pelas normas comuns da CLT. O precatório não mais pode ser utilizado em se tratando daqueles créditos de natureza alimentar, como dispõe, coativamente, o art. 100 da Carta Magna (e o art. 33 do Ato das Disposições Constitucionais Transitórias)". (TRT 3ª R. 1G — MS 0121/88 Rel. Juiz Carlos Alberto Alves Pereira — DJMG 2.6.1989, p. XX.)

"EXECUÇÃO — CRÉDITO TRABALHISTA — PRECATÓRIO — O art. 100 da Constituição Federal em vigor, ao excepcionar os créditos de natureza alimentícia, incluiu o trabalhista, tornando-o mais privilegiado ainda e afastando-o da execução por precatório". (TRT 3ª R. 1G — MS 0057/89 Rel. Juiz Marcos Figueiredo Mendes de Souza — DJMG 12.9.1989, p. XX.)

Todavia, a jurisprudência não era pacífica, pois reinava controvérsia quanto ao fato do legislador constituinte ter excluído a execução dos créditos de natureza alimentícia contra a Fazenda Pública do procedimento do precatório-requisitório. Isso porque havia quem sustentava que o texto constitucional teria apenas introduzido uma prioridade na ordem cronológica de pagamento dos créditos alimentares, ficando mantida sua execução através de precatório-requisitório. Tal entendimento foi adotado pelo aresto a seguir transcrito:

"PRECATÓRIO — O precatório, face ao art. 100 da novel CF, não acabou. O texto constitucional apenas retirou da ordem cronológica de apresentação dos precatórios os pagamento dos créditos de natureza alimentícia, atribuindo-lhes uma prioridade, aliás, mais do que justa, para o fito de quitação, que se efetivará antes dos demais créditos, mas por meio de precatórios. A teor do CCB, os bens públicos são impenhoráveis". (TRT 3ª R. 2G — MS 0177/89 Rel. Juiz Benedito Alves Barcelos — DJMG 23.3.1990, p. XX.)

Em 1991, a questão foi definitivamente solucionada pelo legislador, através da edição da Lei n. 8.197/91, que no parágrafo único de seu art. 4º estabeleceu que "é assegurado o direito de preferência aos credores de obrigação de natureza alimentícia, obedecida, entre eles, a ordem cronológica de apresentação dos respectivos precatórios judiciários". Esse dispositivo foi questionado no STF através de ADIn, tendo o Excelso Pretório entendido que o mesmo era constitucional.

Assim, a jurisprudência terminou se pacificando no sentido da obrigatoriedade da execução da Fazenda Pública através de precatório-requisitório, mesmo para execução de crédito alimentar no âmbito da Justiça do Trabalho. Com efeito, a Súmula n. 655 do STF, de outubro/03, dispõe que:

"PRECATÓRIO — EXCEÇÃO PREVISTA NO ART. 100, *CAPUT*, DA CONSTITUIÇÃO — CRÉDITO DE NATUREZA ALIMENTÍCIA — NÃO DISPENSA DO PRECATÓRIO — OBSERVÂNCIA DA ORDEM CRONOLÓGICA. A exceção prevista no art. 100, *caput*, da Constituição, em favor dos créditos de natureza alimentícia, não dispensa a expedição de precatório, limitando-se a isentá-los da observância da ordem cronológica dos precatórios decorrentes de condenação de outra natureza".

Atualmente, portanto, tem-se que o dispositivo constitucional apenas estabeleceu que haverá dois controles de apresentação dos precatórios (e não que os créditos de natureza alimentícia estejam dispensados da execução por precatório-requisitório), ou seja, haverá um controle da ordem cronológica de apresentação dos precatórios para pagamento de créditos alimentares e outro controle para pagamento dos créditos de natureza diversa.

José Pedro de Camargo Rodrigues de Souza pensa que:

"Em verdade, o precatório foi um meio intermediário que procurou conciliar altos valores em jogo. Explico: se a execução direta contra os bens públicos poderia causar transtorno à administração, a inexeqüibilidade também causaria dano de igual monta, em face da desmoralização da coisa julgada, bem jurídico igualmente de natureza constitucional".[20]

Uma vez definido que a execução contra a Fazenda Pública de dívidas comuns na Justiça do Trabalho é feita através de precatório-requisitório, cumpre destacar que não há legislação específica sobre o procedimento a ser observado para tanto, sendo que os próprios Tribunais criam normas a respeito nos seus Regimentos Internos, Provimentos, ou, ainda, através de Instruções Normativas.

A única previsão constitucional, nesse particular, referese ao prazo para cumprimento do precatório-requisitório e à atualização monetária da dívida. O § 1º do art. 100 da Constituição Federal, com a redação dada pela Emenda Constitucional n. 30/00,[21] determina que o precatório-requisitório apresentado até o dia 1º de julho terá seu valor obrigatoriamente incluído no orçamento do ano seguinte, com pagamento até o final desse exercício, quando terá seu valor atualizado monetariamente.

Antes da aludida Emenda Constitucional n· 30/00, prevalecia o entendimento contido na Súmula n. 193 do TST, que dizia que os juros e a correção monetária seriam calculados até o pagamento do valor principal da condenação, ou seja, havia o pagamento do valor principal do precatório-requisitório e depois a expedição de novo precatório-requisitório apenas para pagamento dos juros e da correção monetária devidos entre a data da expedição do precatório principal e a do seu pagamento, o que sempre ensejava a expedição de pre-

(20) "Execução contra a Fazenda Pública". *In Revista Síntese Trabalhista* n. 101, p. 21.

(21) § 1º "É obrigatória a inclusão, no orçamento das entidades de direito público, de verba necessária ao pagamento de seus débitos oriundos de sentenças transitadas em julgado, constantes de precatórios judiciários, apresentados até 1º de julho, fazendo-se o pagamento até o final do exercício seguinte, quando terão seus valores atualizados monetariamente".

catório-requisitório complementar. Essa Súmula foi cancelada em dezembro/00.

No que tange aos juros, certo é que o STF adotou o entendimento de que a Fazenda Pública tem direito ao prazo previsto na Constituição Federal para pagar sua dívida, de modo que, na hipótese desse prazo ser observado, não há que se falar em mora e, conseqüentemente, em juros moratórios, até porque o dispositivo constitucional só faz menção expressa à correção monetária. Na hipótese do prazo não ser observado, a incidência de juros ocorre a partir do termo final para pagamento da dívida.

Quanto ao restante do procedimento a ser cumprido na expedição e pagamento do precatório-requisitório, a Instrução Normativa n. 11/97 do C. TST uniformizou as normas a serem observadas para a Fazenda Pública Federal, estabelecendo, entre outras diretrizes, as peças necessárias para a formação do precatório, sendo que incumbe à própria Secretaria da Vara (e não à parte interessada) providenciar tais peças.

Por relevante, cumpre mencionar que o item III da Instrução Normativa n. 11/97 do C. TST estabeleceu que a não-inclusão do valor do precatório-requisitório no orçamento, pela Fazenda Pública, no prazo constitucionalmente previsto, ensejava o seqüestro do valor correspondente. No entanto, esse item foi considerado inconstitucional através da ADIn n. 1.662, que também decidiu que o item IV da mesma Instrução Normativa n. 11/97, que determinava que a Fazenda Pública informasse ao Tribunal, até o dia 31 de dezembro, se incluiu no orçamento o valor dos precatórios apresentados até o dia 1º de julho, "não encerra obrigação para a pessoa jurídica".

A posição adotada pelo STF, ao considerar incabível o seqüestro quando a Fazenda Pública não inclui o valor do precatório-requisitório no orçamento, dificulta muito a satisfação da execução, uma vez que deixa o credor sem remédio jurídico eficaz quando o ente público deliberadamente decide não efetuar o pagamento de qualquer precatório-requisitório. Essa matéria será tratada no próximo capítulo.

4. Requisição para as dívidas de pequeno valor

Em virtude da Lei n. 8.213/91, que dispõe sobre planos de benefícios da Previdência Social, ou seja, que trata de créditos previdenciários e não de créditos trabalhistas, surgiu a possibilidade de se executar dívidas de pequeno valor contra a Fazenda Pública sem necessidade de expedição de precatório-requisitório. Com efeito, o art. 128 dessa lei, em sua redação original, estabeleceu que:

> "Art. 128. As demandas judiciais que tiverem por objeto as questões reguladas nesta lei, de valor não superior a Cr$ 1.000.000,00 (um milhão de cruzeiros) obedecerão ao rito sumaríssimo e serão isentas de pagamento de custas e liquidadas imediatamente, não se lhes aplicando o disposto nos arts. 730 e 731 do Código de Processo Civil".

Todavia, o STF, através da ADIn n. 1.252, declarou a inconstitucionalidade do dispositivo mencionado, sob o argumento de que o art. 100 da Constituição da República "proíbe a designação de casos ou de pessoas nas dotações orçamentárias e nos créditos adicionais", pelo que "a dispensa de precatório, considerando-se o valor do débito, distancia-se do tratamento uniforme que a Constituição objetivou conferir à satisfação dos débitos da Fazenda". Assim, nosso ordenamento jurídico ficou, à época, sem contemplar a execução direta contra a Fazenda Pública.

Após a decisão da referida ADIn, foi promulgada a Emenda Constitucional n. 20/98, que acrescentou o § 3º ao art. 100 da Constituição da República, excetuando os créditos de pequeno valor da necessidade de expedição de precatório, nos seguintes termos:

> "Art. 100
>
> (...)
>
> § 3º O disposto no *caput* desse artigo, relativamente à expedição de precatórios, não se aplica aos pagamentos de obrigações definidas em lei como de pequeno valor que a Fazenda Federal, Estadual ou Municipal deva fazer em virtude de sentença judicial transitada em julgado".

Esse dispositivo ainda teve sua redação alterada pela Emenda Constitucional n. 30/00, que acrescentou a Fazenda "Distrital" em seu texto, o que, contudo, em nada modificou a forma de execução das dívidas de pequeno valor contra a Fazenda Pública.

Portanto, a partir da Emenda Constitucional n. 20/98, ficou sacramentada em nosso ordenamento jurídico a possibilidade de execução das dívidas de pequeno valor contra a Fazenda Pública sem a expedição de precatório-requisitório.

O problema que então surgiu foi definir qual o critério a ser adotado para a fixação do "pequeno valor", já que não se poderia aproveitar o limite estabelecido no art. 128 da Lei n. 8.213/91, diante da sua já comentada inconstitucionalidade, conforme decisão do STF na ADIn n. 1.252.

Não bastasse essa indefinição sobre a fixação do pequeno valor, a Emenda Constitucional n. 30/00 acrescentou o § 4º (atual 5º, eis que a Emenda Constitucional n. 37/02 o renumerou) ao mesmo art. 100 da Constituição da República, diversificando o conceito de pequeno valor. Prevê esse dispositivo que "a lei poderá fixar valores distintos para o fim previsto no § 3º deste artigo, segundo as diferenças de capacidade das entidades de direito público".

Na esfera federal, o limite de pequeno valor foi fixado com a edição da Lei n. 10.259/01, que criou os Juizados Especiais Federais de Pequenas Causas.[22] Isso porque essa lei esta-

---

(22) Art. 17: "Tratando-se de obrigação de pagar quantia certa, após o trânsito em julgado da decisão, o pagamento será efetuado no prazo de sessenta dias, contados da entrega da requisição, por ordem do Juiz, à autoridade citada para a causa, na agência mais próxima da Caixa Econômica Federal ou do Banco do Brasil, independentemente de precatório.

§ 1º Para os efeitos do § 3º do art.100 da Constituição Federal, as obrigações ali definidas como de pequeno valor, a serem pagas independentemente de precatório, terão como limite o mesmo valor estabelecido nesta Lei para a competência do Juizado Especial Federal Cível (art. 3º, *caput*).

§ 2º Desatendida a requisição judicial, o Juiz determinará o seqüestro do numerário suficiente ao cumprimento da decisão.

§ 3º São vedados o fracionamento, repartição ou quebra do valor da execução, de modo que o pagamento se faça, em parte, na forma estabelecida no §1º deste artigo, e, em

beleceu que, para os efeitos do § 3º do art. 100 da Constituição da República, pequeno valor era o mesmo montante definido para a competência do Juizado Especial, ou seja, 60 salários mínimos. Essa lei também esclareceu que, transitada em julgado a decisão, o pagamento da dívida de pequeno valor deveria ser efetivado diretamente pela Fazenda Pública, sem expedição de precatório-requisitório, no prazo de 60 dias, sob pena de seqüestro.

A fim de evitar qualquer dúvida a respeito da aplicação do limite de pequeno valor estabelecido pela citada Lei n. 10.259/01 aos feitos que tramitam na Justiça do Trabalho, o CSJT editou a Resolução n. 05/2002, para:

> "recomendar às Cortes regionais que considerem como de pequeno valor os pagamentos devidos pela União, suas autarquias e fundações públicas federais, cujo valor individual não ultrapasse sessenta salários mínimos, até que seja aprovada medida legislativa que regulamente a matéria".

Restou, assim, somente a indefinição quanto ao limite de pequeno valor para a execução das dívidas contraídas pelos Estados, Distrito Federal e Municípios, sendo que, para solucionar essa indefinição, foi promulgada a Emenda Constitucional n. 37/02, que acrescentou o art. 87 no ADCT, nos seguintes termos:

> "Art. 87. Para efeito do que dispõem o § 3º do art. 100 da Constituição Federal e o art. 78 deste Ato das Disposições Constitucionais Transitórias, serão considerados de pequeno valor, até que se dê a publicação oficial das respectivas leis definidoras pelos entes da Federação, observado o disposto no § 4º do art. 100 da Constituição Federal, os débitos ou obrigações consignados em precatório judiciário, que tenham valor igual ou inferior a:
>
> I — 40 (quarenta) salários-mínimos, perante a Fazenda dos Estados e do Distrito Federal;

---

parte, mediante expedição do precatório, e a expedição de precatório complementar ou suplementar do valor pago.
§ 4º Se o valor da execução ultrapassar o estabelecido no §1º, o pagamento far-se-á, sempre, por meio do precatório, sendo facultado à parte exeqüente a renúncia ao crédito do valor excedente, para que se possa optar pelo pagamento do saldo sem o precatório, da forma prevista".

> II — 30 (trinta) salários mínimos, perante a Fazenda dos Municípios.
>
> Parágrafo único. Se o valor da execução ultrapassar o estabelecido neste artigo, o pagamento far-se-á, sempre, por meio de precatório, sendo facultada à parte exeqüente a renúncia ao crédito do valor excedente, para que possa optar pelo pagamento do saldo sem o precatório, da forma prevista no § 3º do art. 100".

Dessa forma, os limites atualmente definidos para execução das dívidas contraídas pela Fazenda Pública sem necessidade de expedição de precatório-requisitório são os previstos no art. 87 do ADCT: 60 salários mínimos para a Fazenda Pública Federal, 40 salários mínimos para a Fazenda Pública dos Estados e do Distrito Federal e 30 salários mínimos para a Fazenda Pública Municipal.

No entanto, em face da redação do *caput* do dispositivo em tela, surgiu controvérsia sobre a possibilidade dos Estados, Distrito Federal e Municípios efetivamente fixarem outros limites de dívidas de pequeno valor, já que isso definiria o rito processual da execução e, nos exatos termos do disposto no art. 22, I, da Constituição da República,[23] compete privativamente à União legislar sobre direito processual.

Nesse sentido, *Márcio Ribeiro do Valle*, em artigo intitulado "Execução dos créditos trabalhistas de pequeno valor contra a Fazenda Pública. Desnecessidade de Precatório", sustentou a inconstitucionalidade do *caput* do art. 87 do ADCT, argumentando o seguinte:

> "estamos diante de leis de cunho processual, pois fixadoras de formas e limites da execução, em que a *competência legislativa é privativa da União,* nos termos do inciso I do art. 22 da CF. Logo, só a União pode fixar o que seja débito de pequeno valor".[24] (grifos no original)

---

(23) Art. 22: "Compete privativamente à União legislar sobre:
I — direito civil, comercial, penal, processual, eleitoral, agrário, marítimo, aeronáutico, espacial e do trabalho".

(24) "Execução dos créditos trabalhistas de pequeno valor contra a Fazenda Pública. Desnecessidade de Precatório". *In Revista do Tribunal Regional do Trabalho da 3ª Região* n. 66, p. 109.

Para os defensores dessa tese, o fato do art. 24, XI, da Constituição da República[25] ter previsto a competência concorrente da União, dos Estados e do Distrito Federal para legislar sobre procedimentos em matéria processual em nada altera a inconstitucionalidade sustentada, uma vez que a fixação do pequeno valor, na verdade, não se limita a mero procedimento, pois trata-se do próprio direito processual, já que interfere no rito processual da execução, definindo a necessidade, ou não, de expedição de precatório-requisitório.

Ana Paula Pellegrina Lockmann, com sensibilidade política, entende que:

> "a melhor interpretação técnica a ser dada a essa questão competencial seria a de que a União deveria estabelecer os valores mínimos das obrigações de pequeno valor dos Estados e Municípios".[26]

Esse entendimento permite que os próprios Estados e Municípios estabeleçam limites mínimos superiores aos fixados no texto constitucional, o que, sem dúvida, é bastante salutar. Isso porque a capacidade financeira dos diferentes entes públicos brasileiros é muito diversificada e não pode ser medida segundo a esfera a que pertence o ente (federal, estadual, distrital ou municipal). Um pequeno município do nordeste, por exemplo, certamente possui capacidade financeira inferior à do município de São Paulo, ou, ainda, à de outros grandes municípios. O Brasil é um país de enormes contrastes sociais e econômicos, inclusive quanto à capacidade financeira das pessoas jurídicas de direito público.

Conclui-se, com base nos argumentos acima, pela possibilidade de fixação, pelos próprios Estados e Municípios, de limites mínimos superiores aos definidos no art. 87 do ADCT, salientando-se que, ao que tudo indica, o ideal seria que o legislador constituinte tivesse estabelecido o limite de pequeno va-

---

(25) Art. 24: "Compete à União, aos Estados, e ao Distrito Federal legislar concorrentemente sobre:
(...)
XI — procedimentos em matéria processual".

(26) *A Execução contra a Fazenda Pública — Precatórios Trabalhistas*, p. 191.

lor em conformidade com a arrecadação, ou seja, utilizando como parâmetro o orçamento de cada entidade pública, já que é do próprio orçamento que se deduz o valor da dívida.[27] Enquanto isso não acontece, fica-se na esperança de que os entes públicos que possuam boa capacidade financeira estabeleçam seus limites mínimos de pequeno valor em montante superior ao previsto no texto constitucional.[28]

Estando definido que o valor da dívida contra a Fazenda Pública é de pequeno valor, o juiz da execução, após o trânsito em julgado da decisão de liquidação do título, simplesmente requisita à entidade pública devedora (sem necessidade de participação do Tribunal, ao contrário do que ocorre na hipótese de expedição de precatório-requisitório) o pagamento do valor da dívida atualizada. Esse pagamento deverá ser efetuado no prazo de 60 dias, sob pena de seqüestro do valor correspondente, por ordem do juiz da execução.

O seqüestro de verba para pagamento de dívida da Fazenda Pública será objeto de estudo no próximo capítulo.

Para finalizar este tópico, cumpre destacar que a execução contra a Fazenda Pública só poderá ocorrer através de simples requisição se o valor total da dívida for considerado de pequeno valor. Essa regra está no art. 100, § 4º, da Constituição Federal:

> "Art. 100
>
> (...)
>
> § 4º São vedados a expedição de precatório complementar ou suplementar de valor pago, bem como fracionamento, repartição ou quebra do valor da execução, a fim de que seu pagamento não se faça,

---

(27) A Associação dos Magistrados Brasileiros obteve do consultor econômico Raul Velloso, especialista em contas públicas, um estudo que, entre outras propostas, sugere que o comprometimento de 3% da receita líquida dos Estados e Municípios para pagamento de precatórios não prejudica os serviços públicos, conforme notícia publicada *in AMB Informa,* edição n. 76, de 1º a 15 de julho de 2005.

(28) Já se sabe que alguns entes públicos, como, por exemplo, o Estado de São Paulo e o Município de Campinas, estabeleceram limites superiores aos fixados no texto constitucional.

em parte, na forma estabelecida no § 3º deste artigo e, em parte, mediante expedição de precatório".

Essa regra, contudo, deve ser interpretada tendo em vista o crédito individual de cada exeqüente, ou seja, nas ações plúrimas, ainda que o valor total da dívida da Fazenda Pública seja superior ao limite de pequeno valor, é possível haver execução através de simples requisição se o valor devido a cada credor não ultrapassar o limite de pequeno valor, nos termos da Resolução n. 5/2000 do CSJT, já transcrita neste estudo.

A única exceção à regra em foco (de que a execução por simples requisição só poderá ocorrer se o valor total da dívida for considerado de pequeno valor) está prevista no parágrafo único do art. 87 do ADCT,[29] que admite a possibilidade da parte exeqüente renunciar ao crédito do valor excedente.

Embora se reconheça que a faculdade de optar pela execução sem a necessidade de expedição de precatório-requisitório é benéfica ao exeqüente, a aplicação de tal dispositivo no âmbito da Justiça Especializada é criticável, eis que, como se sabe, no Direito do Trabalho reina o princípio da irrenunciabilidade dos créditos trabalhistas e, na hipótese aventada, os créditos já estão devidamente reconhecidos e liquidados por decisão judicial irrecorrível, o que afronta mais ainda o citado princípio.

(29) Parágrafo único: "Se o valor da execução ultrapassar o estabelecido neste artigo, o pagamento far-se-á, sempre, por meio de precatório, sendo facultada à parte exeqüente a renúncia ao crédito do valor excedente, para que possa optar pelo pagamento do saldo sem o precatório, da forma prevista no § 3º do art.100".

CAPÍTULO VI

INSTRUMENTOS DO CREDOR DA FAZENDA PÚBLICA

1. Seqüestro

Para a satisfação da execução contra a Fazenda Pública são previstas duas hipóteses de seqüestro de dinheiro: uma geral, no caso de preterimento do direito de precedência do credor, e outra específica, no caso de não-pagamento da dívida de pequeno valor no prazo legal.

1.1. Preterimento do direito de precedência

No caso de preterimento do direito de precedência, o seqüestro encontra-se previsto no art. 100, § 2º, da Constituição Federal:

> "Art. 100
>
> (...)
>
> § 2º As dotações orçamentárias e os créditos abertos serão consignados diretamente ao Poder Judiciário, cabendo ao Presidente do Tribunal que proferir a decisão exeqüenda determinar o pagamento segundo as possibilidades do depósito, e autorizar, *a requerimento do credor, e exclusivamente para o caso de preterimento de seu direito de precedência,* o seqüestro da quantia necessária à satisfação do débito". (g.m.)

Assim, esse seqüestro não pode ser efetuado por iniciativa do juiz, uma vez que depende do requerimento do credor, que só poderá formulá-lo quando haja "preterimento de seu direito de precedência".

Surge, portanto, o problema da definição do que seja preterimento do direito de precedência.

José Augusto Rodrigues Pinto assevera que "preterição é ato de preterir, não dar importância, deixar de lado, não fazer caso, conforme a acepção comum do termo".[1]

No mesmo sentido, *De Plácido e Silva* ensina que:

> "por preterição (ação de preterir), juridicamente, entende-se a postergação, a omissão, a falta, a violação à regra disposta em lei ou a direito assegurado por lei. A preterição, pois, importa em não ser atendida a prescrição legal, seja em relação à forma ou execução do ato, como em relação à satisfação de um direito".[2]

Adotando-se o conceito de preterição mencionado, conclui-se que há vários modos de se preterir o cumprimento de um precatório-requisitório: 1) deixar de incluir o valor das dívidas na previsão orçamentária; 2) incluir o valor das dívidas na previsão orçamentária, mas não efetuar qualquer pagamento; 3) incluir o valor das dívidas na previsão orçamentária, mas efetuar o pagamento fora da ordem cronológica de apresentação dos precatórios; 4) incluir o valor das dívidas na previsão orçamentária, mas pagar antecipadamente uma dívida que ainda não ensejou a expedição de precatório-requisitório.

Com efeito, *José Augusto Rodrigues Pinto*, com a didática de costume, pontua que:

> "Não podemos, pois, perder de vista que preterição de cumprimento de Precatório não se caracteriza somente pelo não pagamento dentro da ordem cronológica da apresentação. Pretere, também, e com muito maior teor de má-fé, quem quita o débito representado por sentença irrecorrível, sabendo que antes dele há outros, nas mesmas condições, cujo pagamento já foi requisitado. Prete-

(1) *Execução Trabalhista: estática, dinâmica, prática*, p. 325.
(2) *Vocabulário Jurídico*, 4º v., p. 443.

re, ainda com maior teor de malícia, quem 'se esquece' de incluir o valor apresentado na previsão orçamentária, inviabilizando o pagamento na ordem cronológica de apresentação".[(3)]

Em harmonia com esse entendimento, o TST, ao editar a Instrução Normativa n. 11/97, que trata do procedimento para expedição de precatório-requisitório, dispôs que:

> "III — O não cumprimento da ordem judicial relativa à inclusão, no respectivo orçamento, pela pessoa jurídica de direito público condenada, de verba necessária ao pagamento do débito constante de precatório regularmente apresentado até 1º de julho, importará na preterição de que tratam os §§ 1º e 2º do art. 100 da Constituição da República e autorizará o Presidente do Tribunal Regional do Trabalho, a requerimento do credor, expedir, após ouvido o Ministério Público, ordem de seqüestro nos limites do valor requisitado".

Dessa forma, os Juízes do Trabalho passaram a determinar o seqüestro de dinheiro público sempre que não houvesse a inclusão, no prazo legal, da verba necessária para o pagamento do precatório regularmente apresentado, dando efetividade ao cumprimento das decisões judiciais.

Sem dúvida alguma, a posição adotada pelo TST, nessa época, revelou um grande avanço para se atingir a tão almejada celeridade nas execuções trabalhistas contra a Fazenda Pública.

Nesse diapasão, *Guilherme Augusto Caputo Bastos* ressaltou que:

> "Refletiu dita norma, com muita sensibilidade, o espírito democrático da Constituição da República, sem uma privilegiação (*sic*) dos entes públicos perante os cidadãos comuns, sem a preocupação de dar tratamento diferenciado às dívidas dos entes públicos contraídas mediante decisão transitada em julgado, e permitir que, no caso específico da não inclusão no respectivo orçamento dos

(3) *Execução Trabalhista: estática, dinâmica, prática*, p. 328.

créditos suficientes a fazer frente aos precatórios apresentados até 1º de julho, o seqüestro do numerário necessário a essa reparação".[4]

Todavia, os itens III e XII da Instrução Normativa n. 11/97 do TST foram, através da ADIn n. 1.662, declarados inconstitucionais pelo STF, sob o argumento de que "preterimento" e "preterição" são hipóteses distintas. Constou na fundamentação da aludida ADIn que:

"Seqüestro é apenas para o caso de preterimento do 'direito de preferência', ou seja, para a hipótese de pagamento de um precatório mais novo antes de outro, cronologicamente mais antigo, desde que ambos estejam incluídos no orçamento. O ato, em tese mais grave, de sequer incluir, configuraria preterição e não preterimento".

Em conseqüência dessa decisão, o TST editou o Provimento n. 03/98, determinando que:

"os Tribunais Regionais do Trabalho se abstenham de autorizar o seqüestro da quantia necessária à satisfação do crédito, quando não houver a inclusão no orçamento das verbas relativas a precatórios, e quando houver pagamento a menor, sem a devida atualização, ou fora do prazo legal".

Outrossim, em dezembro/03 foi publicada a Orientação Jurisprudencial n. 03 do Tribunal Pleno do TST, nos seguintes termos:

"Precatório. Seqüestro. Emenda Constitucional n. 30/00. Preterição. ADIn n. 1.662-8. Art. 100, § 2º, da CF/1988. O seqüestro de verbas públicas para satisfação de precatórios trabalhistas só é admitido na hipótese de preterição do direito de precedência do credor, a ela não se equiparando as situações de não-inclusão da despesa no orça-

(4) "Precatórios — hipóteses de violação ao direito de precedência". *In Revista LTr* 64-05, p. 598.

mento ou de não-pagamento do precatório até o final do exercício, quando incluído no orçamento".

Contudo, não se pode deixar de registrar que essa decisão do STF é lamentável. "Preterimento" e "preterição" são palavras derivadas do mesmo verbo "preterir" e, assim, possuem idêntico significado. Não bastasse, a nossa Suprema Corte Judicial reconheceu que o ato através do qual a Administração Pública deixa de incluir o valor das dívidas na previsão orçamentária é "em tese mais grave" que o pagamento de um precatório-requisitório sem observância da ordem cronológica de apresentação e, não obstante, deixou o credor-exeqüente da Fazenda Pública desamparado, afrontando a máxima de que "quem pode o mais, pode o menos".

Por essa razão, *Cláudio Armando Couce de Menezes* chegou a afirmar que:

> "o instituto do precatório passaria a ser uma mera ficção, uma farsa institucionalizada, dessas que estão por toda a parte: o Executivo e o Legislativo fingem que respeitam o Judiciário, enquanto poder independente e autônomo".[5]

Por sua vez, *Sérgio Pinto Martins* disse que "a previsão dos precatórios na Constituição instituiu o calote institucionalizado por parte do poder público".[6]

De qualquer forma, a jurisprudência atual se firmou no sentido de que, das quatro hipóteses de preterição aventadas neste estudo (1 — deixar de incluir o valor das dívidas na previsão orçamentária; 2 — incluir o valor das dívidas, mas não efetuar qualquer pagamento; 3 — incluir o valor das dívidas, mas efetuar o pagamento fora da ordem cronológica de apresentação dos precatórios; 4 — incluir o valor das dívidas, mas pagar antecipadamente uma dívida que ainda não ensejou a expedição de precatório-requisitório), apenas as duas últimas ensejam o seqüestro.

---

(5) "Seqüestro motivado pela negativa do Estado ou Município em satisfazer crédito trabalhista". *In Revista Síntese Trabalhistas* n. 112, p. 16.
(6) "Efetividade da Execução Trabalhista". *In Revista LTr* 66-09, p. 1.070.

A decisão seguinte espelha a jurisprudência retromencionada:

"... Consoante entendimento do Supremo Tribunal Federal, mesmo após o advento da Emenda Constitucional n. 30/00, o seqüestro de verba pública necessária à satisfação de precatório trabalhista só é admitido na estrita hipótese de quebra da ordem de preferência, a ela não se equiparando as situações de não-inclusão da despesa no orçamento e vencimento do prazo para quitação de pagamento (STF-ADIn n. 1.662-7-DF, Rel. Min. Maurício Corrêa, julgada em 30.8.01). Entretanto, o pagamento de quantia devida pela Fazenda Pública, mediante celebração de acordo judicial em reclamação trabalhista, sem a expedição do respectivo precatório, em data posterior à apresentação do precatório já existente, constitui pagamento antecipado do crédito que, nessa hipótese, caracteriza preterição do direito de precedência do credor, ou seja, quebra da ordem preferencial dos precatórios, autorizando o seqüestro da verba pública nos presentes autos, a teor do art. 100, § 2º, da Constituição Federal. Nesse sentido já decidiu a Suprema Corte (STF-RCL-1893-RN, Rel. Min. Maurício Corrêa, DJ de 8.3.02, p.16)...". (TST — ROAG/397/1993-003-17-47.8 — TRT 17ª R. — TP — Rel. Ministro Emmanoel Pereira — DJU 26.3.2004, p. 508)

No que tange ao controle cronológico de apresentação dos precatórios, uma importante questão prática merece destaque. É que os diversos Tribunais não cruzam dados para elaboração de uma lista única,[7] nem mesmo no Estado de São Paulo, onde, como se sabe, existem dois TRTs (2ª e 15ª Região). Assim, apenas o ente público devedor é que possui a ordem cronológica de apresentação dos precatórios emitidos pelos Tribunais, o que dificulta muito a fiscalização por parte dos interessados.

(7) Informações obtidas nos setores competentes dos TRTs da 2ª, 3ª e 15ª Região.

Outra questão prática importante é que, para deferimento de seqüestro, os TRTs não verificam a natureza jurídica dos créditos que foram objeto de precatórios emitidos por outros Tribunais, ou seja, o seqüestro é deferido apenas na hipótese de quebra da ordem cronológica de pagamento, donde se conclui que o crédito alimentar deixa de ter preferência sobre os demais, tornando-se quirografário, já que o ente público não fica obrigado a pagar os créditos de natureza alimentar antes dos créditos de natureza comum.

Quanto ao deferimento de seqüestro, existe mais uma questão extremamente delicada. É que na última hipótese de preterimento (incluir o valor das dívidas na previsão orçamentária, mas pagar antecipadamente uma dívida que ainda não ensejou a expedição de precatório-requisitório), os TRTs só autorizam o seqüestro se a dívida paga antecipadamente o tiver sido em virtude de processo judicial. Nada impede, portanto, que o ente público efetue pagamento antecipado a credores que sequer tiveram que ingressar em juízo para obter a satisfação de seus haveres. Aliás, isso é o que mais costuma acontecer.

Por essa razão, *Guilherme Augusto Caputo Bastos*, argumentou o seguinte:

> "Ora, se os créditos trabalhistas são preferenciais, porque a Constituição assim o quis e a jurisprudência do STF assim interpretou, não se consegue compreender o raciocínio falacioso daqueles que sustentam que o pagamento efetuado a um credor trabalhista fora da ordem cronológica gera o direito ao seqüestro, mas o pagamento efetuado a um empreiteiro com violação, inclusive, da inteira ordem cronológica de exigibilidade dos empenhos, não gera o mesmo direito". (8)

No mesmo sentido, o voto do Ministro *Carlos Mário*, no julgamento da ADIn n. 571:

---

(8) Precatórios — hipóteses de violação ao direito de precedência, *in Revista LTr 64-05,* p. 601.

"Aqui vai uma crítica: a Fazenda paga, imediatamente, créditos decorrentes de contrato, créditos de empreiteiros, de comerciantes, de empresários; ela, Fazenda, sabe como pagá-los, como prevê-los, orçamentariamente. Agora, quando se trata de pagamento decorrente de sentença judicial, coisa muito mais séria, quando se trata de crédito de natureza alimentícia, decorrente de sentença judicial, ela não sabe como liquidá-lo, de forma imediata, como prevê-lo, orçamentariamente...".

Em virtude das interpretações conferidas aos dispositivos legais que regem a utilização do precatório-requisitório, conclui-se que na hipótese da Fazenda Pública voluntária e deliberadamente resolver não incluir o valor do precatório-requisitório em sua previsão orçamentária ou, ainda, decidir não pagar qualquer valor incluído, o credor-exeqüente nada poderá fazer, pois a ordem de pagamento não terá sido desrespeitada e essa é a única situação em que a jurisprudência tem admitido o seqüestro de dinheiro público para o pagamento de precatório-requisitório, à exceção do não-pagamento da dívida de pequeno valor no prazo legal, que será tratado mais adiante.

É a permissão para que a Administração Pública afirme "devo, não nego; pago quando puder, ou melhor, quando quiser".

Essas interpretações, portanto, contribuíram para que o precatório-requisitório:

"tenha se tornado um verdadeiro título de imunidade executiva da Administração Pública, com lamentável comprometimento da respeitabilidade do Poder Judiciário, somando-se às incontáveis manipulações do Poder Executivo para subtrair-se ao cumprimento das leis que ele mesmo propõe para subjugar o indivíduo".(9)

Por outro lado, é de se destacar que a Emenda Constitucional n. 30/00 acrescentou o art. 78 ao ADCT prevendo para

(9) PINTO, José Augusto Rodrigues. *Execução Trabalhista: estática, dinâmica, prática*, p. 324.

determinadas hipóteses o parcelamento do precatório-requisitório no prazo máximo de dez anos, com possibilidade de liberação do pagamento de tributos do ente público devedor se as prestações não forem adimplidas até o final do exercício a que se referem.

Outrossim, no § 4º do referido dispositivo restou expressamente autorizado, a requerimento do credor, o deferimento do seqüestro de dinheiro público se houver vencimento do prazo sem pagamento da dívida, omissão de inclusão do valor do precatório-requisitório na previsão orçamentária ou preterição ao direito de precedência:

> "Art. 78. Ressalvados os créditos definidos em lei como de pequeno valor, os de natureza alimentícia, os de que tratam o art. 33 deste Ato das Disposições Constitucionais Transitórias e suas complementações e os que já tiverem os seus respectivos recursos liberados ou depositados em juízo, os precatórios pendentes na data de promulgação desta Emenda e os que decorram de ações iniciais ajuizadas até 31 de dezembro de 1999 serão liquidados pelo seu valor real, em moeda corrente, acrescido de juros legais, em prestações anuais, iguais e sucessivas, no prazo máximo de dez anos, permitida a cessão dos créditos.
>
> § 1º É permitida a decomposição de parcelas, a critério do credor.
>
> § 2º As prestações anuais a que se refere o *caput* deste artigo terão, se não liquidadas até o final do exercício a que se referem, poder liberatório do pagamento de tributos da entidade devedora.
>
> § 3º O prazo referido no *caput* deste artigo fica reduzido para dois anos, nos casos de precatórios judiciais originários de desapropriação de imóvel residencial do credor, desde que comprovadamente único à época da imissão na posse.
>
> § 4º O Presidente do Tribunal competente deverá, vencido o prazo ou em caso de omissão no orçamento, ou preterição ao direito de precedência, a requerimento do credor, requisitar ou determinar o seqüestro de recursos financeiros da entidade executada, suficientes à satisfação da prestação".

Pela redação do dispositivo retrotranscrito, verifica-se claramente que o legislador pretendeu forçar a Fazenda Pública a pagar suas dívidas, o que é bastante louvável.

No entanto, o STF já adotou entendimento no sentido de que o seqüestro determinado pelo art. 78, § 4º, do ADCT para as hipóteses de vencimento do prazo sem pagamento da dívida e de omissão de inclusão do valor do precatório-requisitório na previsão orçamentária se limita aos casos de não-satisfação de prestações assumidas como decorrência do parcelamento permitido no *caput* do dispositivo em foco, ou seja, não alberga os créditos trabalhistas, sejam eles de pequeno valor ou não.(10)

Dessa forma, o STF criou uma situação paradoxal, em que os créditos trabalhistas, de evidente natureza alimentar, não podem ser satisfeitos através do seqüestro de dinheiro público nas hipóteses de vencimento do prazo legal para quitação da dívida ou de não-inclusão do valor correspondente no orçamento da entidade pública devedora, como ocorre com outros créditos, supostamente menos privilegiados.

Essa diferença de tratamento entre o credor de verba comum e o credor de verba trabalhista não se justifica, em especial considerando a tão propalada natureza superprivilegiada dos créditos alimentares, que, há de se ressaltar, inclusive possuem (ou deveriam possuir) ordem de precedência no pagamento dos precatórios.

Urge, pois, que o STF reveja seu entendimento, a fim de possibilitar que os exeqüentes de crédito alimentar contra a Fazenda Pública também tenham direito a seqüestrar dinheiro do ente devedor para satisfação de seus créditos, pelo menos nas mesmas hipóteses do § 4º do art. 78 do ADCT.

1.2. Não-pagamento da dívida de pequeno valor no prazo legal

A hipótese de seqüestro de dinheiro público em virtude do não-pagamento da dívida de pequeno valor no prazo legal está

---

(10) Conforme julgamento da reclamação n. 1.931-4, Relator: Ministro Maurício Corrêa; Reclamante: Governador do Estado de São Paulo; Reclamado: Presidente do Tribunal Regional do Trabalho da 15ª Região.

prevista na Lei n. 10.259/01, que dispõe, em seu art. 17, que o pagamento da dívida de pequeno valor será efetuado pela Administração Pública no prazo de sessenta dias, contados da entrega da requisição, e estabelece, no § 2º do dispositivo mencionado, que "desatendida a requisição judicial, o Juiz determinará o seqüestro do numerário suficiente ao cumprimento da decisão".

Nesse sentido, a Orientação Jurisprudencial n. 1 do Tribunal Pleno do TST, publicada em dezembro/03:

> "Precatório. Crédito trabalhista. Pequeno valor. Emenda Constitucional n. 37/02. Há dispensa da expedição de precatório, na forma do art. 100, § 3º, da CF/1988, quando a execução contra a Fazenda Pública não exceder os valores definidos, provisoriamente, pela Emenda Constitucional n. 37/02, como obrigações de pequeno valor, inexistindo ilegalidade, sob esse prisma, na determinação de seqüestro da quantia devida pelo ente público".

Ao contrário do previsto para a hipótese de preterimento do direito de precedência, o seqüestro em foco independe de requerimento do credor, devendo ser determinado de ofício pelo juiz da execução, ou seja, sequer há participação do Tribunal nessa medida.

Frise-se, por relevante, que mesmo na hipótese de execução da dívida de pequeno valor, o ente público tem a possibilidade de ofertar embargos sem a necessidade de garantir o juízo, sendo que o prazo de sessenta dias para pagamento da dívida começa a fluir somente após a requisição judicial, que, por sua vez, só é expedida após o trânsito em julgado da decisão dos embargos (ou do decurso de prazo para apresentação dos embargos).

1.3. Natureza jurídica do seqüestro

Discute-se sobre a natureza jurídica do seqüestro de dinheiro público para a satisfação da execução. Seria esse seqüestro medida cautelar ou satisfativa?

Inicialmente, cumpre assinalar que o seqüestro previsto no art. 822 do CPC[11] é, sem dúvida alguma, medida cautelar, uma vez que se traduz na "apreensão da coisa objeto do litígio, a fim de garantir sua total entrega ao vencedor",[12] sempre fundamentada no *periculum in mora* e no *fumus boni iuris*.

Portanto, segundo conceito da doutrina processual civil:

> "seqüestro é a medida cautelar que assegura futura execução para entrega de coisa e que consiste na apreensão de bem determinado, objeto do litígio, para lhe assegurar entrega, em bom estado, ao que vencer a causa".[13]

Como se vê, essa modalidade de seqüestro é tipicamente utilizada na execução para entrega de coisa certa e formulada em face da parte que detém a posse da coisa, diferindo-se substancialmente do seqüestro de dinheiro para a satisfação da execução contra a Fazenda Pública, já que nesse caso a medida se destina ao pagamento de quantia certa e é formulada contra a própria parte devedora.

De fato, é majoritário o entendimento de que o seqüestro na execução contra a Fazenda Pública ocorre contra o ente público e não contra o credor beneficiado, embora seja tecnicamente brilhante a tese de que a medida deva:

> "recair sobre a(s) quantia(s) indevidamente paga(s) ao(s) credor(es) cujo(s) precatório(s) haja(m) sido apresentado(s) posteriormente ao daquele que se preteriu; (...) a não ser assim, ficaria o erro sem correção, subsistindo a inobservância da ordem prescrita". [14]

---

(11) Art. 822: "O juiz, a requerimento da parte, pode decretar o seqüestro:
I — de bens móveis, semoventes ou imóveis, quando lhes for disputada a propriedade ou a posse, havendo fundado receio de rixas ou danificações;
II — dos frutos e rendimentos do imóvel reivindicado, se o réu, depois de condenado por sentença ainda sujeita a recurso, os dissipar;
III — dos bens do casal, nas ações de desquite e de anulação de casamento, se o cônjuge os estiver dilapidando;
IV — nos demais casos expressos em lei".

(12) GRECO FILHO, Vicente. *Direito Processual Civil brasileiro*, 3º v., p. 175.

(13) THEODORO JÚNIOR, Humberto. *Curso de Direito Processual Civil*, v. II, p. 454.

(14) MOREIRA, José Carlos Barbosa. *O novo Processo Civil brasileiro: exposição sistemática do procedimento*, p. 317.

Todavia, considerando que o § 2º do art. 100 da Constituição da República, em sua parte final, é expresso ao mencionar que o seqüestro ocorrerá "a requerimento do credor" e no limite "da quantia necessária à satisfação do débito", há de se concluir que a finalidade desse seqüestro é a de pagar o credor preterido e não a de restabelecer a ordem de precedência de todos os credores.

Aliás, esse é o entendimento adotado pelos nossos Tribunais, que determinam o seqüestro contra a Administração Pública e a favor do credor-requerente, ainda que ele não seja o primeiro da ordem de precedência.

Sendo assim, conclui-se que, na prática, esse seqüestro possui natureza jurídica satisfativa, uma vez que tem por escopo o efetivo pagamento do credor preterido, ou seja, a satisfação da execução.

À idêntica conclusão se chega na hipótese do seqüestro para pagamento de dívida de pequeno valor não adimplida no prazo legal (art. 17, § 2º, da Lei n. 10.259/01), já que sua finalidade também é a de pagar o credor.

Em ambos os casos, o objeto do seqüestro será o patrimônio público, ou seja, o dinheiro em poder da Fazenda Pública, ficando destacado que a tese da impenhorabilidade dos bens públicos não merece acolhida, uma vez que tal impenhorabilidade é relativa, já que os bens dominicais podem ser penhorados, como fundamentado em tópico anterior deste estudo e, também, porque a própria Constituição Federal prevê o seqüestro da "quantia necessária à satisfação do débito", no § 2º do seu art. 100.

Considerando que o seqüestro é mera continuidade da execução contra a Fazenda Pública para exigir o cumprimento da sentença que se executa, conclui-se que ele não é sanção, nem medida excepcional. Assim, o deferimento do seqüestro não é ato administrativo, mas judicial, eis que determinado pelo Presidente do Tribunal apenas como *longa manus* do juiz da execução. Nesse sentido, o seqüestro:

"trata-se de ato integrativo do procedimento constitucional dos precatórios, sem nenhum traço de excepcionalidade ou de sanção ao devedor. Ao contrário, é o curso natural da execução para o seu desfecho: cita-se o devedor para cumprir, permite-se o exercício processual da defesa que tiver e, julgada a execução, à falta do movimento espontâneo de cumprimento da sentença, o Poder Judiciário passa a forçá-lo com a alienação dos bens penhorados ao devedor (ente de direito privado) ou com o seqüestro de verbas à Administração (ente de direito público)".(15)

Esse entendimento, contudo, não é pacífico, pois há quem sustente que o seqüestro de dinheiro aqui enfocado é ato administrativo. *Ana Paula Pellegrina Lockmann* afirma que:

"o seqüestro nada mais é do que uma sanção à Fazenda Pública quando constatada a preterição no direito do credor. Trata-se, pois, de uma medida excepcional com caráter moralizador, com o fito de banir a preferência e o apadrinhamento. É um ato administrativo praticado pelo Presidente do Tribunal".(16)

O remédio cabível contra a decisão que defere, ou não, o seqüestro é o Mandado de Segurança, a não ser que haja previsão de recurso (Agravo Regimental ou Recurso Administrativo) no Regimento Interno do Tribunal, hipótese em que esse recurso é que deverá ser utilizado pela parte interessada.

Alguns juristas alegam que a decisão a respeito do deferimento, ou não, do pedido de seqüestro pode ser atacada através de Reclamação Correicional para a Corregedoria-Geral da Justiça do Trabalho. Porém, o Regimento Interno do TST prevê a utilização de Recurso Ordinário contra as decisões proferidas em Agravo Regimental e Mandado de Segurança opos-

---

(15) PINTO, José Augusto Rodrigues. *Execução Trabalhista: estática, dinâmica, prática*, p. 332.
(16) *A Execução contra a Fazenda Pública — Precatórios Trabalhistas*, p. 158.

tos em virtude de despacho de Juiz do Tribunal em sede de precatórios.(17) E como não é cabível Reclamação Correicional contra ato que pode ser atacado por meio de recurso específico, a conclusão que se impõe é a de que a via da Reclamação Correicional não é adequada, nesse particular.

2. *Intervenção*

A intervenção da União nos Estados está prevista no art. 34 da Constituição Federal,(18) enquanto que a intervenção dos Estados nos Municípios está prevista nas constituições estaduais, observando-se o estatuído no art. 35 da Carta Maior.(19)

---

(17) Art. 70: "Compete ao Tribunal Pleno dar posse aos Membros eleitos para os cargos de Direção e aos Ministros nomeados para o Tribunal e:
I — em matéria judiciária:
(...)
i) julgar os recursos ordinários opostos a agravo regimental e a mandado de segurança que tenha apreciado despacho de Presidente de Tribunal Regional em sede de precatório".

(18) "Art. 34. A União não intervirá nos Estados nem no Distrito Federal, exceto para:
I — manter a integridade nacional;
II — repelir invasão estrangeira ou de uma unidade da Federação em outra;
III — pôr termo a grave comprometimento da ordem pública;
IV — garantir o livre exercício de qualquer dos Poderes nas unidades da Federação;
V — reorganizar as finanças da unidade da Federação que:
a) suspender o pagamento da dívida fundada por mais de dois anos consecutivos, salvo motivo de força maior;
b) deixar de entregar aos Municípios receitas tributárias fixadas nesta Constituição, dentro dos prazos estabelecidos em lei;
VI — prover a execução de lei federal, ordem ou decisão judicial;
VII — assegurar a observância dos seguintes princípios constitucionais:
a) forma republicana, sistema representativo e regime democrático;
b) direitos da pessoa humana;
c) autonomia municipal;
d) prestação de contas da administração pública, direta e indireta;
e) aplicação do mínimo exigido da receita resultante de impostos estaduais, compreendida a proveniente de transferências, na manutenção e desenvolvimento do ensino e nas ações e serviços públicos de saúde".

(19) Art. 35: "O Estado não intervirá em seus Municípios, nem a União nos Municípios localizados em Território Federal, exceto quando:
I — deixar de ser paga, sem motivo de força maior, por dois anos consecutivos, a dívida fundada;
II — não forem prestadas contas devidas, na forma da lei;
III — não tiver sido aplicado o mínimo exigido da receita municipal na manutenção e desenvolvimento do ensino e nas ações e serviços públicos de saúde;

Não existe previsão de intervenção na União, embora o Congresso Nacional possa fiscalizar e controlar os atos da Administração Pública Federal, a teor do disposto no art. 49, X, da Constituição da República.[20]

"A intervenção é ato político que consiste na incursão da entidade interventora nos negócios da entidade que a suporta",[21] sendo que os seus pressupostos de fundo "constituem situações críticas que põem em risco a segurança do Estado, o equilíbrio federativo, as finanças estaduais e a estabilidade da ordem constitucional".[22]

Na mesma esteira, *José Augusto Rodrigues Pinto* sustenta que "a intervenção é providência constitucional extraordinária, de natureza essencialmente política".[23]

Na execução contra a Fazenda Pública na Justiça do Trabalho, a intervenção no órgão devedor somente é cabível para o cumprimento de decisão judicial (arts. 34, VI, e 35, IV, da Constituição Federal), uma vez que o conceito de "dívida fundada", conforme art. 98 da Lei n. 4.320/67,[24] não se aplica aos créditos alimentares.

Dessa forma, se a Administração Pública deixar de cumprir a ordem judicial de incluir na previsão orçamentária o valor necessário para pagamento do precatório, se ela deixar de pagar o valor devidamente incluído no orçamento, ou, ainda, se ela deixar de pagar dívida de pequeno valor no prazo legal, é cabível o pedido de intervenção, que deverá ser formulado

---

IV — o Tribunal de Justiça der provimento a representação para assegurar a observância de princípios indicados na Constituição Estadual, ou para prover a execução de lei, de ordem ou de decisão judicial".

(20) Art. 49: "É da competência exclusiva do Congresso Nacional:

(...)

X — fiscalizar e controlar, diretamente, ou por qualquer de suas Casas, os atos do Poder Executivo, incluídos os da administração indireta".

(21) SILVA, José Afonso da. *Curso de Direito Constitucional Positivo,* p. 423.

(22) *Ibidem,* p. 424.

(23) *Execução Trabalhista: estática, dinâmica, prática,* p. 332.

(24) Art. 98: "A dívida fundada compreende os compromissos de exigibilidade superior a doze meses, contraídos para atender a desequilíbrio orçamentário ou a financiamento de obras e serviços públicos".

pelo credor-exeqüente, para "restabelecer o equilíbrio federativo rompido pela desobediência a uma ordem judicial pelo órgão administrativo".(25)

Importante observar que, como o seqüestro e a intervenção possuem finalidades distintas, ou seja, o primeiro para satisfazer a execução e o segundo para restabelecer o equilíbrio entre os poderes, há quem aduza que "no caso de não inclusão em orçamento da requisição recebida do Tribunal competente, o seqüestro e a intervenção podem e devem ser cumulados".(26) Porém, como já restou consignado neste estudo, a jurisprudência atual não admite o seqüestro na hipótese da Fazenda Pública deixar de incluir o valor das dívidas na previsão orçamentária.

Para terminar este tópico, registra-se que é consenso entre os juristas que, na prática, a intervenção é quase uma utopia.

Nesse sentido, *Guilherme Augusto Caputo Bastos* assevera que "a intervenção (tanto no Município como no Estado Federado) é medida politicamente indesejada e não-aplicada costumeiramente",(27) explicando que, na opinião do Juiz *Dárcio Guimarães de Andrade*, o Governador ignora os pedidos de intervenção nos Municípios "porque não quer abrir precedente, pois também é devedor de vários precatórios".(28)

O Presidente do TRT da 3ª Região no biênio 2004/2006, descrevendo a prática vivenciada no âmbito do seu Regional, explica que:

> "os pedidos de intervenção nos Municípios, feitos pela Procuradoria de Justiça do Estado, mesmo sendo decretados, jamais tomaram feição de eficácia no âmbito do Governo Estadual, competente constitucionalmente para tal, sendo, aliás, da tradição republicana, não só do nosso

(25) PINTO, José Augusto Rodrigues. *Execução Trabalhista: estática, dinâmica, prática*, p. 333.
(26) *Ibidem*, p. 334.
(27) "Precatórios — hipóteses de violação ao direito de precedência". *In Revista LTr* 64-05, p. 600.
(28) *Ibidem*, p. 600.

Estado, mas em todo o país, de não se chegar a tal desiderato".[29]

3. Responsabilização do administrador público

A responsabilização do administrador público é um instrumento previsto para utilização pelo credor, mas que, assim como a intervenção, não tem a finalidade específica de satisfazer a execução.

O instrumento em tela, na verdade, visa à condenação civil e criminal do administrador público que descumpre a ordem judicial de inclusão do valor da dívida do precatório-requisitório na previsão orçamentária, que deixa de efetuar o pagamento correspondente na ordem cronológica de apresentação do precatório, ou, ainda, que deixa de pagar a dívida de pequeno valor no prazo legal.

Todavia, na prática, esse instrumento também beira a utopia, uma vez que quase não há denúncia formal contra os maus administradores públicos, e, quando há, eles não chegam a ser efetivamente condenados. Tanto assim, que o Professor *Ricardo Sampaio* afirmou, em 1999: "não se conhece nestes longos onze anos desde a Constituição, qualquer caso de intervenção, ou de responsabilização do mau administrador, quer o que constituiu a dívida, quer o que não a pagou".[30]

Nesse mesmo sentido, *Ana Paula Pellegrina Lockmann*, já em 2004, constatou:

> "a total ausência de efetiva punição aos administradores públicos, quer pela não-inclusão da verba oriunda de decisão judicial, quer pelo efetivo não-pagamento do *quantum* devidamente reconhecido no prazo de lei".[31]

---

(29) VALLE, Márcio Ribeiro do. "Execução dos créditos trabalhistas de pequeno valor contra a Fazenda Pública. Desnecessidade de Precatório". *In Revista do Tribunal Regional do Trabalho da 3ª Região* n. 66, p. 112.

(30) "O Precatório Trabalhista e a crise ética do Estado". *In Revista LTr* 63-10, p. 1.330.

(31) *A Execução contra a Fazenda Pública — Precatórios Trabalhistas*, p. 183.

Por outro lado, a Constituição da República atualmente prevê a responsabilização do Presidente do Tribunal que deixar de processar regularmente um precatório, nos seguintes termos:

> "Art. 100
>
> (...)
>
> § 6º O Presidente do Tribunal competente que, por ato comissivo ou omissivo, retardar ou tentar frustrar a liquidação regular de precatório incorrerá em crime de responsabilidade".

Ainda que seja salutar a previsão expressa da responsabilidade do Presidente do Tribunal, certo é que tal previsão não produz efeitos práticos, pois não se tem notícia de qualquer caso em que um Presidente de TRT tenha deixado de processar regularmente os precatórios sob sua responsabilidade. Outrossim, a eficiente Corregedoria-Geral do TST já possui a atribuição de tomar as providências cabíveis na hipótese vertente.

O problema do cumprimento dos precatórios não está no âmbito dos Tribunais que os processam, mas na esfera da Administração Pública que deveria incluir o valor das dívidas na previsão orçamentária correspondente e efetuar o pagamento no prazo legal, respeitando, ainda, a ordem cronológica de apresentação dos precatórios.

E se a Administração Pública não observa a forma prescrita para o pagamento dos precatórios, deveria ser obrigada a tanto pela atividade jurisdicional de execução.

Nesse particular, *José Augusto Rodrigues Pinto* assevera que:

> "Enfim, uma análise serena, porém rigorosamente jurídica, do art. 100 da Constituição Federal, mostra que a atual disciplina do instrumento de cobrança coercitiva da dívida judicial da Fazenda Pública é ágil, em favor do credor, e seguro, em favor da devedora. Os anos de protelação que sua aplicação tem facultado ao Poder Executivo ad-

vêm menos de sua estrutura do que da interpretação que se lhe está dando, com um altíssimo custo para a credibilidade da Justiça. É bom que se medite profundamente nisso".[32]

Outrossim, o problema da execução de créditos alimentares contra a Fazenda Pública na Justiça do Trabalho sequer reside na adoção do sistema de precatórios, mas na falta de mecanismos eficazes para obrigar a Administração Pública a cumprir tal sistema.

(32) *Execução Trabalhista: estática, dinâmica, prática*, p. 334.

CAPÍTULO VII

CONCILIAÇÃO NA EXECUÇÃO

1. Conceito de conciliação

A conciliação é tecnicamente denominada "transação" pela lei civil, estando assim prevista no art. 840 do atual Código Civil: "é lícito aos interessados prevenirem ou terminarem o litígio mediante concessões mútuas".

Segundo *Washington de Barros Monteiro:*

> "transação constitui ato jurídico bilateral, pelo qual as partes, fazendo-se concessões recíprocas, extinguem obrigações litigiosas ou duvidosas. Torna-se assim essencial à transação: a) reciprocidade do ônus e vantagens; b) existência de litígio, dúvida ou controvérsia entre as partes".(1)

Alexandre Agra Belmonte explica que "a transação pressupõe res dúbia: sempre que as partes estiverem em desacordo quanto à interpretação de um direito poderão fazer concessões recíprocas para prevenir ou terminar um litígio".(2)

No mesmo sentido, *Márcio Túlio Viana* e *Luiz Otávio Linhares Renault* conceituam a conciliação prevista na CLT como sendo:

> "o ato através do qual o reclamante e o reclamado, orientados e esclarecidos... diante da *res dúbia* (coisa duvidosa) e dos riscos que uma demanda traz, fazendo conces-

---

(1) *Curso de Direito Civil — Direito das obrigações — 1ª Parte,* p. 308.
(2) *Instituições Civis no Direito do Trabalho: parte geral, obrigações, responsabilidade civil (incluindo dano moral) e contratos,* p. 241.

sões recíprocas, estabelecem as condições para pôr fim ao litígio".[3]

A conciliação na execução trabalhista pode albergar tanto a dúvida sobre a existência do direito de recebimento de determinadas verbas (no caso de execução provisória, por exemplo), como a dúvida sobre os valores das verbas devidas. Mas também tem sido aceita a conciliação fora dessas hipóteses, apenas para agilizar o recebimento do crédito, sendo comum a fixação de cláusula penal para reforçar o cumprimento do acordo no prazo avençado.

2. Princípio da conciliação

O art. 764 da CLT estabelece que "os dissídios individuais ou coletivos submetidos à apreciação da Justiça do Trabalho serão sempre sujeitos à conciliação".

A tentativa de acordo, dessarte, é obrigatória no processo do trabalho, sendo que a CLT expressamente prevê dois momentos em que o juiz deve apresentar uma proposta conciliatória na ação de conhecimento: o primeiro no início da audiência, antes de receber a defesa (arts. 846 e 847 da CLT)[4] e o segundo no final da audiência, depois de encerrar a instrução processual e ouvir as eventuais razões finais (art. 850 da CLT).[5] Nas ações de rito sumaríssimo o juiz deve tentar obter a conciliação em qualquer fase da audiência, nos termos do art. 852-E da CLT,[6] sendo que nas ações de dissí-

(3) *Manual da Audiência Trabalhista*, p. 42.

(4) Art. 846: "Aberta a audiência, o juiz ou presidente proporá a conciliação".
Art. 847: "Não havendo acordo, o reclamado terá vinte minutos para aduzir sua defesa, após a leitura da reclamação, quando esta não for dispensada por ambas as partes".

(5] Art. 850: "Terminada a instrução, poderão as partes aduzir razões finais, em prazo não excedente de dez minutos para cada uma. Em seguida, o juiz ou presidente renovará a proposta de conciliação, e não se realizando esta, será proferida a decisão".

(6) Art. 852-E: "Aberta a sessão, o juiz esclarecerá as partes presentes sobre as vantagens da conciliação e usará os meios adequados de persuasão para a solução conciliatória do litígio, em qualquer fase da audiência".

dio coletivo, o Presidente do Tribunal também deve estimular a celebração de acordo na audiência, a teor do disposto no art. 862 da CLT.(7) O princípio da conciliação aqui enfocado é reiterado pelo art. 831 da CLT, nos seguintes termos: "a decisão será proferida depois de rejeitada pelas partes a proposta de conciliação".

A jurisprudência majoritária entende que a tentativa de acordo no processo do trabalho é matéria de ordem pública e, portanto, deve ser buscada sob pena de nulidade do feito. O aresto a seguir transcrito ilustra esse entendimento:

> "NULIDADE POR AUSÊNCIA DA PROPOSTA DE CONCILIAÇÃO NA AUDIÊNCIA INAUGURAL — Nos termos do art. 846 da CLT, no processo do trabalho, é imperativo de ordem pública a sujeição dos dissídios individuais à prévia proposta de conciliação. Pelo menos em duas oportunidades definidas por lei, o Juiz é obrigado a propor e a renovar a proposta de conciliação. Ademais, a proposta de conciliação é obrigatória, pela própria natureza do processo do trabalho, conforme se extrai do art. 114 da Constituição Federal que disciplina a competência da Justiça do Trabalho para conciliar e julgar os dissídios individuais. Portanto, a ausência da proposta de conciliação constitui nulidade absoluta, podendo ser argüida a qualquer tempo. Revista conhecida e provida". (TST- RR 335.588/1997 — 3ª T. — Rel. Min. Francisco Fausto — DJU 22.10.1999 — p. 204).

Ainda que não haja previsão legal expressa determinando a tentativa conciliatória na execução trabalhista, certo é que a celebração de acordo também deve ser buscada nesse momento, como forma de agilizar a satisfação do credor que já possui um título executivo em seu favor. "Se o litígio não pôde ser evitado, o ideal é que não se prolongue".(8)

Destaca-se, por oportuno, que no âmbito do TRT da 3ª Região, o art. 1º, § 2º, do Provimento n. 03/91 prevê a possibilidade de designação de audiência para tentativa de acordo

---

(7) Art. 862: "Na audiência designada, comparecendo ambas as partes ou seus representantes, o presidente do Tribunal as convidará para se pronunciarem sobre as bases da conciliação. Caso não sejam aceitas as bases propostas, o presidente submeterá aos interessados a solução que lhe pareça capaz de resolver o dissídio".

(8) VIANA, Márcio Túlio; RENAULT, Luiz Otávio Linhares. *Manual da Audiência Trabalhista*, p. 42.

quando as partes apresentarem cálculos de liquidação divergentes.[9]

3. Possibilidade da Fazenda Pública conciliar

A possibilidade jurídica da Fazenda Pública celebrar acordos deve ser analisada sob dois prismas.

O primeiro se refere ao fato de seus bens serem públicos, já que o art. 841 do Código Civil prevê que "só quanto a direitos patrimoniais de caráter privado se permite a transação".

Tendo em vista, contudo, que os bens dominicais pertencem ao patrimônio disponível da Administração Pública, como já destacado no capítulo III deste estudo, conclui-se que, sob esse prisma, a Fazenda Pública pode celebrar acordos, pois ela também possui bens que são alienáveis.

Portanto, a possibilidade de conciliação por parte da Fazenda Pública deve ser analisada somente quanto ao princípio da legalidade a que ela está adstrita.

Mônica Sette Lopes, em artigo sobre "A Transação e a Administração Pública", após lembrar que os entes públicos, "a teor do *caput* do art. 37 da CF/88, só podem agir em virtude de prévia autorização da lei",[10] conclui que "a lei é imprescindível para que os órgãos do Poder Público possam transigir, o que naturalmente se aplica não só à União, como aos Estados e aos Municípios".[11]

Outros juristas, porém, defendem que a conciliação pela Fazenda Pública é possível para atingir finalidade comum, como expressão da vontade geral presumida, sempre que inexistir lei específica proibindo a celebração de acordo.

---

(9) § 2º "Sendo apresentados cálculos divergentes, o Juiz do Trabalho Presidente de Junta de Conciliação e Julgamento poderá, com a celeridade possível, designar audiência para tentativa de composição em relação à divergência".
(10) *O que há de novo em Processo do Trabalho,* p. 156.
(11) *Idem*, p. 163.

No âmbito federal, a Lei n. 9.469/97 possibilita a realização de acordo nos seguintes termos:

> "Art. 1º O Advogado-Geral da União e os dirigentes máximos das autarquias, das fundações e das empresas públicas federais poderão autorizar a realização de acordos ou transações, em juízo, para terminar o litígio, nas causas de valor até R$ 50.000,00 (cinqüenta mil reais), a não-propositura de ações e a não — interposicão de recursos, assim como requerimento de extinção das ações em curso ou de desistência dos respectivos recursos judiciais, para cobrança de créditos, atualizados, de valor igual ou inferior a R$ 1.000,00 (mil reais), em que interessadas essas entidades na qualidade de autoras, rés, assistentes ou opoentes, nas condições aqui estabelecidas.
>
> § 1º Quando a causa envolver valores superiores ao limite fixado no *caput*, o acordo ou a transação, sob pena de nulidade, dependerá de prévia e expressa autorização do Ministro de Estado ou do titular da Secretaria da Presidência da República a cuja área de competência estiver afeto o assunto, no caso da União, ou da autoridade máxima da autarquia, da fundação ou da empresa pública".

Importante ressaltar, todavia, que a Fazenda Pública só pode conciliar no que tange ao valor devido e à divisão desse valor em determinado número de parcelas. Ela não pode convencionar prazo para cumprimento do acordo, já que os pagamentos devidos pela Fazenda Pública têm que ser rigorosamente feitos na ordem cronológica de apresentação dos precatórios.

Na hipótese da Fazenda Pública efetuar o pagamento de um acordo judicial sem observância da ordem cronológica de apresentação dos precatórios, ocorre preterimento do direito de precedência dos credores que apresentaram precatórios em data anterior, tenha ou não havido expedição de precatório quanto ao crédito acordado. Dessarte, o seqüestro torna-se devido, desde que requerido pelos credores preteridos.

4. Juízo auxiliar de conciliação em precatórios

A idéia da criação de um Juízo Auxiliar para conciliação em precatórios surgiu no âmbito do TRT da 3ª Região, a partir de protocolo verbal estabelecido entre o Estado de Minas Gerais e a OAB/MG com o objetivo de destinar um valor mensal para quitação dos valores efetivamente devidos pelo Estado, sendo que, em seguida, o Município de Belo Horizonte também firmou idêntico protocolo.

O mencionado Juízo Auxiliar foi criado em março/2000, através da Resolução Administrativa n. 79/2000 daquele TRT, cujo teor é o seguinte:

> Art. 1º Será designado por este Tribunal um (ou mais) Juiz Substituto para funcionar como Juiz Auxiliar de todas as Varas, com o objetivo de incluir em pauta, para tentativa de conciliação, em ordem cronológica de apresentação, os Precatórios do Estado de Minas Gerais e outros.
>
> § 1º O Juiz designado contará com um espaço físico próprio, de preferência no prédio da Rua Goitacases, equipado com microcomputador, telefone e demais acessórios necessários ao exercício do mister e a colaboração de 03 servidores, dentre os quais um Diretor de Vara, designados pela Administração.
>
> § 2º O Juiz convocado poderá se valer dos serviços da Diretoria de Cálculos Judiciais para análise das alegações de erros materiais porventura existentes.
>
> Art. 2º Quando necessário, o Juiz convocado requisitará os autos principais nas Varas do Trabalho de origem do Precatório;
>
> Art. 3º O Juiz convocará as partes e seus Procuradores para a audiência de conciliação, podendo essa se realizar apenas com a presença dos procuradores que tenham poderes para transigir, receber e dar quitação.
>
> Art. 4º Os precatórios conciliados serão remetidos à Vice-Presidência do Tribunal para verificação da ordem cronológica, transferência do numerário, autorização à Vara correspondente para liberação e baixa nos registros cadastrais.
>
> Art. 5º Os processos não conciliados, se não pendentes de algum recurso, serão encaminhados à Vice-Presidência com o resultado da audiência e forçosamente pagos dentro da ordem cronológica, pelo valor de face com atualização posta na Constituição.
>
> Art. 6º Os precatórios não conciliados e pendentes de decisão em grau de recurso, bem como aqueles que se encontrarem em análise na Diretoria de Cálculo, permanecerão suspensos até decisão final,

retornando à sua colocação na ordem para quitação imediata após o trânsito em julgado da decisão.

Art. 7º Os casos omissos e as questões práticas que surgirem no decorrer do procedimento serão dirimidas pela Vice- Presidência deste Tribunal.

Art. 8º Esta Resolução terá eficácia a partir da data da sua publicação.

Belo Horizonte, 16 de março de 2000".

Os precatórios federais não foram incluídos no Juízo Auxiliar de Conciliação porque, na prática, têm sido corretamente pagos.

Quanto aos Municípios do interior do Estado, o Juízo Auxiliar inicialmente entra em contato informal com os Prefeitos (ou seus representantes), explica as vantagens da quitação das dívidas públicas e, em regra, consegue obter acordo para que determinado valor do Fundo de Participação dos Municípios seja diretamente depositado à disposição do Juízo Auxiliar. Depois de alguns meses, quando o valor depositado já é suficiente para o pagamento de vários precatórios, o Juízo Auxiliar organiza uma pauta de audiências com os primeiros precatórios da lista de ordem cronológica e se desloca até o interior do Estado para a realização dessas audiências, obtendo elevado índice de composição amigável quanto ao valor da dívida. O valor acordado é liberado através do depósito anteriormente efetuado.

A aproximação das partes para tentativa de acordo no Juízo Auxiliar também possibilita a correção de erros materiais evidentes. Muitos desses erros decorrem dos cálculos relativos a período de alta inflação e conversão de moedas.

A Lei n. 9.494/97[(12)] autoriza a revisão, pelo Presidente do Tribunal, dos cálculos elaborados para verificar o valor correto dos precatórios antes do pagamento ao credor, sendo

(12) Art. 1º-E: "São passíveis de revisão, pelo Presidente do Tribunal, de ofício ou a requerimento das partes, as contas elaboradas para aferir o valor dos precatórios antes de seu pagamento ao credor".

que a Orientação Jurisprudencial n. 2 do Tribunal Pleno do TST prevê:

> "Precatório. Revisão de cálculos. Limites da competência do Presidente do TRT. O pedido de revisão dos cálculos, em fase de precatório, previsto no art. 1º-E da Lei n. 9.494/97, apenas poderá ser acolhido desde que: a) o requerente aponte e especifique claramente quais são as incorreções existentes nos cálculos, discriminando o montante que seria correto, pois do contrário a incorreção torna-se abstrata; b) o defeito nos cálculos esteja ligado à incorreção material ou à utilização de critério em descompasso com a lei ou com o título executivo judicial; e c) o critério legal aplicável ao débito não tenha sido objeto de debate nem na fase de conhecimento, nem na fase de execução".

Por fim, registra-se que a experiência pioneira do TRT da 3ª Região foi tão bem-sucedida, que outros Tribunais também criaram algum tipo de Juízo de Conciliação em Precatórios, como tentativa da conferir maior celeridade à execução contra a Fazenda Pública.

CONCLUSÃO

1. Identificação do problema

A constatação de que a Fazenda Pública, especialmente na esfera estadual e municipal, não paga seus correspondentes precatórios no prazo legal e que o credor-exeqüente de crédito alimentar não possui remédio jurídico eficaz para obter a satisfação de seu título executivo na Justiça do Trabalho, o que incentiva o administrador público a deixar de pagar voluntariamente os precatórios expedidos é que motivou a elaboração deste estudo.

Depois de analisar o ordenamento jurídico vigente em nosso país desde a Constituição Federal de 1988, a doutrina nacional e as decisões emanadas de nossos Tribunais, chega-se à conclusão de que o grande entrave na execução forçada contra a Fazenda Pública reside justamente na jurisprudência do STF, que confere proteção especial às falhas gerenciais do Estado em detrimento do cidadão comum.

Com efeito, a legislação pátria atual estabeleceu, inicialmente, a dispensa da expedição de precatórios para a execução de créditos de natureza jurídica alimentar, mas o STF tratou de firmar o entendimento de que o art. 100 da Constituição da República apenas previu uma ordem de preferência para o pagamento dos créditos alimentares, sem que eles ficassem dispensados da execução através de precatórios.

Quanto aos precatórios, a legislação criou um mecanismo fantástico para seu cumprimento, ao determinar prazo para inclusão do valor das dívidas na previsão orçamentária da entidade pública e pagamento de acordo com a ordem cronológica de apresentação dos precatórios, sob pena de seqüestro do valor correspondente, o que alia respeito aos princípios da programação, unidade e equilíbrio do orçamento anual, bem como observância ao princípio da moralidade administrativa. Porém, o STF logo entendeu que a não-inclusão no orçamento público da verba necessária para pagamento do precatório no prazo legal ou o não-pagamento do valor devidamente incluído no orçamento não autorizava o seqüestro do montante correspondente.

Dessarte, o problema da execução forçada de créditos alimentares contra a Fazenda Pública na Justiça do Trabalho está na jurisprudência cristalizada pelo nosso Supremo Tribunal Federal.

2. Apresentação de sugestões

A principal sugestão deste estudo é para que haja dispensa da utilização de precatório na execução forçada de créditos alimentares contra a Fazenda Pública, possibilitando que as dívidas de qualquer valor sejam executadas diretamente, eis que os bens dominicais são alienáveis e penhoráveis. Reconhecendo-se a dificuldade de mudança radical na jurisprudência do STF quanto à interpretação do art. 100 da Constituição da República, sugere-se que a execução direta contra a Administração Pública seja expressamente prevista através de alteração no texto constitucional.

Em sendo mantido o sistema de precatórios, sugere-se que pelo menos haja previsão de seqüestro de dinheiro público na hipótese de não-inclusão, no prazo legal, do valor da dívida de natureza alimentar no orçamento da entidade pública ou de não-pagamento, também no prazo legal, do valor devidamente incluído no orçamento, já que o dinheiro é o primeiro bem na ordem preferencial estabelecida em lei. E se isso não for feito, que pelo menos haja permissão para fracionamento do valor da execução, a fim de que o pagamento seja efetuado através de simples requisição até o limite de pequeno valor e através de precatório-requisitório para o restante da dívida, a fim de evitar que o credor-exeqüente se sinta compelido a renunciar a parte do seu crédito para conseguir receber uma porção do que lhe é devido.

Destaca-se que, no eterno dizer de *Calamandrei*, "há mais coragem em ser justo, parecendo injusto, do que ser injusto para salvaguardar as aparências de justiça".(1) Ademais, não se pode conferir ao devedor um direito de resistência maior que o direito do credor de cumprir a obrigação constante do título, pois isso significaria subversão de valores.

Outras medidas, mais simples de serem adotadas, são também sugeridas para agilizar a execução contra a Fazenda Pública, na hipótese de manutenção do sistema de precatórios: obrigatoriedade de divulgação, com ampla publicidade pelos órgãos devedores, das listas de ordem cronológica de apresentação dos precatórios, bem como de todos os pagamentos efetuados, a fim de possibilitar a fiscalização pelos interessados; obrigatoriedade de destinação de percentual da receita pública para a quitação dos precatórios, a fim de garantir a satisfação dos primeiros credores da lista de ordem cronológica, pelo menos; e implantação de Juízo Auxiliar de conciliação em Precatórios, a fim de incentivar a celebração de acordos, eliminando-se a longa fase de discussão sobre os cálculos homologados.

A adoção das medidas sugeridas, além de proporcionar a célere satisfação da execução contra a Fazenda Pública, daria maior efetividade e credibilidade ao Poder Judiciário.

Por fim, nunca é demais ressaltar que a execução eficaz de créditos alimentares na Justiça do Trabalho entrega ao exe-

(1) CALAMANDREI, Piero. *Eles, os juízes, vistos por um advogado.*

qüente o que lhe é devido pelos serviços prestados, valorizando o trabalho humano e conferindo dignidade à pessoa do trabalhador, de acordo com os fundamentos consagrados em nossa Carta Maior.(2)

(2) Art. 1º "A República Federativa do Brasil, formada pela união indissolúvel dos Estados e Municípios e do Distrito Federal, constitui-se em Estado Democrático de Direito e tem como fundamentos:

(...)

IV — os valores sociais do trabalho e da livre iniciativa".

Art. 170: "A ordem econômica, fundada na valorização do trabalho humano e na livre iniciativa, tem por fim assegurar a todos existência digna, conforme os ditames da justiça social, observados os seguintes princípios".

Art. 193: "A ordem social tem como base o primado do trabalho, e como objetivo o bem-estar e a justiça sociais".

BIBLIOGRAFIA

ALMEIDA, Ísis de. *Manual de Direito Processual do Trabalho*, 2º v., 7ª ed. atual. e ampl., incluindo as leis modificadoras do CPC, de 13.12.94, São Paulo: LTr, 1995.

BASTOS, Guilherme Augusto Caputo Bastos. "Precatórios, hipóteses de violação ao direito de precedência". *In Revista LTr 64-05*, São Paulo: LTr, 2000.

BELMONTE, Alexandre Agra. *Instituições Civis no Direito do Trabalho: parte geral, obrigações, responsabilidade civil (incluindo dano moral) e contratos,* 2ª ed. atual. e aum., Rio de Janeiro: Renovar, 1997.

BOBBIO, Norberto. *Teoria da norma jurídica,* trad. Fernando Pavan Baptista e Ariani Bueno Sudatti, 2ª ed. revista, Bauru: Edipro, 2003.

CALAMANDREI, Piero. *Eles, os juízes, vistos por um advogado,* trad. Eduardo Brandão, São Paulo: Martins Fontes, 1995.

CARRION, Valentin. *Comentários à Consolidação das Leis do Trabalho,* 20ª ed. atual. e ampl., São Paulo: Saraiva, 1995.

COSTA, Coqueijo. *Direito Processual do Trabalho.* Rio de Janeiro: Forense, 1984.

DINAMARCO, Cândido Rangel. *A instrumentalidade do processo,* 5ª ed., São Paulo: Malheiros, 1996.

DI PIETRO, Maria Sylvia Zanella. *Direito Administrativo,* 9ª ed. São Paulo: Atlas, 1998.

FRANCO, Fernão Borba. *Execução em face da Fazenda Pública,* São Paulo: Juarez de Oliveira, 2002.

GRECO FILHO, Vicente. *Direito Processual Civil Brasileiro,* 3º v., 10ª ed. atual., São Paulo: Saraiva, 1995.

Informativo da Associação dos Magistrados Brasileiros n. 76, de 1º a 16 de julho de 2005, Brasília, 2005.

LEAL, Ronaldo Lopes. "Dor de cabeça. Execução é o maior problema da Justiça do Trabalho". *In* Entrevista para *Revista Consultor Jurídico*, obtida através do *site* http://www.ceed.com.br/oabrj, em 11.3.05.

LEITE, Carlos Henrique Bezerra. *Curso de Direito Processual do Trabalho,* 2ª ed. São Paulo: LTr, 2004.

LOCKMANN, Ana Paula Pellegrina. *A Execução contra a Fazenda Pública — Precatórios Trabalhistas.* São Paulo: LTr, 2004.

LOPES, Mônica Sette. "A Transação e a Administração Pública". *In O que há de novo em Processo do Trabalho,* Márcio Túlio Viana Luiz, Otávio Linhares Renault coords. São Paulo: LTr, 1997.

MANUS, Pedro Paulo Teixeira. *Execução de sentença no Processo do Trabalho,* São Paulo: Atlas, 2005.

MARTINS, Sergio Pinto. "Efetividade da Execução Trabalhista". *In Revista LTr 66-09.* São Paulo: LTr, 2002.

MEIRELLES, Hely Lopes. *Direito Administrativo Brasileiro,* 18ª ed. atual. por Eurico de Andrade Azevedo, Délcio Balestero Aleixo e José Emmanuel Burle Filho, São Paulo: Malheiros, 1993.

MELO, Raimundo Simão de; BRUNO, Osmar Vicente. "Execução Trabalhista contra a Fazenda Pública: uma questão de moralização das decisões judiciais". *In Revista LTr* 60-03, São Paulo: LTr, 1996.

MENEZES, Cláudio Armando Couce de. "Seqüestro motivado pela negativa do Estado ou Município em satisfazer crédito trabalhista". *In Revista Síntese Trabalhista* n. 112, Porto Alegre: Síntese, 1998.

MONTEIRO, Washington de Barros. *Curso de Direito Civil — Direito das Obrigações — 1ª Parte,* 25ª ed. atual. São Paulo: Saraiva, 1991.

MOREIRA, José Carlos Barbosa. *O novo processo civil brasileiro: exposição sistemática do procedimento,* 14ª ed. rev. e atual. Rio de Janeiro: Forense, 1993.

PINTO, José Augusto Rodrigues. *Execução Trabalhista: estática, dinâmica, prática,* 10ª ed. rev., ampl. e atual. São Paulo: LTr, 2004.

PLÁ RODRIGUEZ, Américo. *Princípios de Direito do Trabalho,* trad. Wagner D. Giglio, São Paulo: LTr, 1978.

SAMPAIO, Ricardo. "O Precatório Trabalhista e a crise ética do Estado". *In Revista LTr* 63-10, São Paulo: LTr, 1999.

SANTOS, Moacyr Amaral. *Primeiras linhas de Direito Processual Civil,* 3º v., 14ª ed. atual. São Paulo: Saraiva, 1994.

SILVA, De Plácido e. *Vocabulário Jurídico,* 11ª ed., v. 4, Rio de Janeiro: Forense, 1989.

SILVA, José Afonso da. *Curso de Direito Constitucional Positivo,* 8ª ed. São Paulo: Malheiros, 1992.

SOUZA, José Pedro de Camargo Rodrigues de. "Execução contra a Fazenda Pública". *In Revista Síntese Trabalhista* n. 101, Porto Alegre: Síntese, 1997.

TARGA, Maria Inês Corrêa de Cerqueira César. "A Atuação do Juiz e a Celeridade na Execução Trabalhista". *In Estudos do Processo de Execução: TRT — 15ª Região* — 15 anos, São Paulo: LTr, 2001.

TEIXEIRA FILHO, Manoel Antonio. *Execução no Processo do Trabalho,* 5ª ed. rev. e atual. São Paulo: LTr, 1995.

THEODORO JÚNIOR, Humberto. *Curso de Direito Processual Civil,* v. II, 15ª ed. rev. e atual. Rio de Janeiro: Forense, 1996.

VALLE, Márcio Ribeiro do. "Execução dos créditos trabalhistas de pequeno valor contra a Fazenda Pública. Desnecessidade de Precatório". *In Revista do Tribunal Regional do Trabalho da 3ª Região* n. 66, julho a dezembro de 2002, Belo Horizonte: Síntese, 2003.

VIANA, Márcio Túlio; RENAULT, Luiz Otávio Linhares. *Manual da Audiência Trabalhista.* São Paulo: LTr, 1997.